U0053364

波羅的海三小國史

Baltic States

獨立與自由的交響詩

張明珠——著

三民書局

增訂二版序

經過風起雲湧的 1990 年代，當響徹雲霄的獨立口號沉寂，波瀾壯闊的民族情緒平靜之後，波海三國了解狹隘的民族主義是經濟發展的包袱，而無謂的政治鬥爭更是社會進步的絆腳石。恢復獨立只是新時代的序幕，放下悲情歷史，帶著歲月的智慧和年輕的活力，波海三國走上國際舞臺，立足波海，放眼世界，受到全球的關注和期待。

重返國際社會，波海三國不再是強權大國陰影下僻居一隅、乏人問津的小國，而是繽紛的世界地圖上風華獨具、意氣風發的三個獨立國家。和國際接軌，與世界同行，面對新的責任和挑戰，這是一個歷史性的機會，結束世界史的舊章，開展與全球互動的新的史頁。

張明珠

序

　　立陶宛、拉脫維亞、愛沙尼亞這三個地處歐洲邊緣的波羅的海國家，在中世紀外族（日耳曼人、斯拉夫人和斯堪地納維亞民族）入侵之前，生活在自己的世界中，崇敬天地眾神，遵循大自然的規律，在渾沌洪荒的原始社會中，累積智慧，創造文明，經過幾千年的發展，逐漸形成屬於自己的文化和習俗。然而這個進化的過程卻因日耳曼十字軍的踐踏和異族的壓迫而被迫中止，外來異族奴役人民，侵奪土地，歷時數百年。其間雖偶有仁人志士鍥而不捨地發揚民族文化，致力人民自由和國家獨立，在歐洲大政治的激流中掙扎吶喊，終究勢單力薄，屢戰屢敗。直到二十世紀末葉，世局改觀，這三個國家的人民才能繼續闡揚民族文化，建設獨立國家。

　　在外族統治的幾百年裡，歐洲文明的面紗，戰火煙塵的瀰漫，加上半個世紀的蘇聯鐵幕，世人難以一睹波海三國的面貌。在世界歷史上，除了立陶宛曾在中世紀傲踞東歐外，波羅的海民族向來屈居人下，它們的歷史只能在他國的歷史中尋得隻字片語，它們的價值更是因他國的利益而異，這種情況在蘇聯時期尤其明顯。

　　俄羅斯的國家圖書館，建築壯觀，設備老舊，效率低落，完全是共產時代的本色。館中關於波海三國歷史的目錄洋洋灑灑，

卷帙浩繁。然而不管是出自何人之筆，何家之書，不論是短文，或是巨著，內容總是千篇一律，大同小異，都是以蘇聯國家科學院的版本為範例，盡是抹殺人類價值的馬克思唯物史觀，和俄國沙文主義的自吹自擂，多是扭曲捏造，少有歷史的真相。

　　1990年代初期，蘇聯垮臺，波羅的海三小國終能尋回失去多時的獨立和自由，同時也尋回自己的歷史。如今在立陶宛、拉脫維亞和愛沙尼亞的圖書館和書店裡，蘇聯時代風漬泛黃的史書被丟入紙簍，陳列的是圖文並茂，印刷精美，由三國作家撰寫的歷史。雖然字裡行間偶有仇俄的情緒（此一情緒只有等待時間來平息），但是曾經遺失的民族記憶和刻骨銘心的國家遭遇，只有本國的作家才能以深刻的文筆，真切詳盡地呈現歷史的原貌。

　　波羅的海三小國的歷史有如一首獨立自由的交響詩，時而波瀾壯闊，時而悲淒慘烈，綿延多個世紀。它的主題貫穿全曲，深刻清晰，那就是追求獨立，嚮往自由，生生世世，永恆不渝。

張明珠
於聖彼得堡

波羅的海三小國史
獨立與自由的交響詩

目　次 | *Contents*

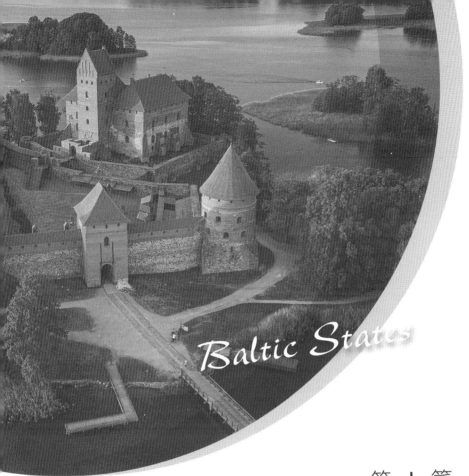

Baltic States

第 1 篇

立陶宛

遠古時期

第一節　自然景觀的形成

　　冰河時期結束後，人類首度在今日的波羅的海國家定居。約在一萬四千年前，大地開始擺脫冰河的勢力，首先是立陶宛東南部和南部，之後冰界逐漸向東北方向移去，愛沙尼亞的西北地區直到西元前 9000 年才掙脫冰河的籠罩。大陸冰河和融化的冰水影響當地自然景觀的結構，由於當時西部大部分地區還是水域，所以最早的旱地遠不及今日波羅的海諸國所占的面積，之後隨著海水逐漸退去，陸地日漸增加。

　　當大陸冰河逐漸退去，西元前十千紀（一千紀為一千年）左右，來自南方和西南方的獵人，追逐凍原地帶的北方馴鹿，隨跡來到立陶宛，是立陶宛的首批居民。北方馴鹿是上乘的獵品，其肉可食，牠的皮毛除用來縫製衣物外，還可覆蓋圓錐形窩棚，用以遮風避雨，鹿角和鹿骨是製造工具和各類什具的材料。立陶宛

既是最先擺脫冰河籠罩的地方，因此波羅的海地區最早的人類村落遺址便是在此發現。據今日考古資料的記載，立陶宛土地上的人類村落遺址可追溯至西元前十一～前十世紀。

第二節　原始部族及其生活文化

西元前八千紀的立陶宛，氣候迅速回升，樹林遍佈。居民以數個家庭為單元的大群體，在水源豐沛之地定居。主要生計除狩獵外，還有漁撈和採集。長期的溫暖，使人類得以定居一地，安頓生活，從事生產。自西元前三千紀起，人類開始以粗糙的木犁整地，從事畜牧業，手工業和交易興起，並在沿海地區加工琥珀。立陶宛人較之其他波羅的海民族，更地近羅馬人最鍾愛的「琥珀之路」（從波羅的海沿岸，經維斯瓦〔Vistula〕河，通往羅馬）。

西元前 2500 年前後，印歐語系民族出現在波羅的海沿岸，逐漸與當地居民融合為一，彼此的生活方式和宗教信仰日趨相似。在此一整合過程中，於西元前二～前一世紀形成立陶宛的祖先——波羅的海部族 (Baltic tribes)。西元 98 年，羅馬歷史學家塔西圖斯 (Tacitus) 在自己的著作《關於日耳曼》一書中，首次提到立陶宛的祖先波羅的海部族。波羅的海部族遍佈在廣闊的東歐土地上，北部從波羅的海到道加瓦 (Daugava) 河，東達奧卡 (Oka) 河上游，南至聶伯河中游，西抵維斯瓦河。

由於財產的逐漸分化，及隨之而來不可避免的武裝衝突，因此展開鞏固居民點的防禦工事，木造堡壘矗立，在易守難攻的陡

峭丘陵上建立居民點。於是在西元前第二、一千紀之交，在立陶宛東部的山坡上興起最早的居民區──古代城堡遺址。當時的堡壘形同堅固的避難所，人們在危急時刻可遁入其中避難。

　　逐漸地，各部族在語言、習俗和信仰上出現不少的差異，甚至裝飾、服裝、武器和勞動工具也各有不同，隨著時日的推移，終於形成彼此互異的波羅的海各部族。

圖 1：西元前十二世紀末葉的波羅的海國家

第三節　波羅的海部族

　　波羅的海部族依其語言、習俗和信仰的差異，可區分為以下數支：立陶宛人 (Lithuanians) 住在東部的農村中，主要從事畜牧業。立陶宛人的影響力向北、西和西南擴散；北方鄰族——謝勒人 (Sels)，隱沒在林間的農村之中，其中的大多數與立陶宛人融合，少數匯入拉脫維亞民族之中；立陶宛人的西方，居住著從事農耕的奧克什泰伊特人 (Aukshtaits)，他們不僅在河畔肥沃的土地上耕種，還兼營畜牧業；立陶宛人的西南方，居住著人數不多卻好戰的亞特維亞格人 (Yatvyags)，在兼營農、牧之時，還經常征討羅斯和波蘭，自十三世紀起則與條頓騎士團作戰，部族的大多數不是陣亡，就是撤退到立陶宛。

　　西立陶宛自七世紀起遭到來自斯堪地納維亞的維京人侵襲，後者有時甚而企圖向當地部族徵貢課稅。853 年維京人攻陷阿普歐爾 (Apuol) 城堡，為立陶宛土地上第一個見於史冊的具體地名。更頻繁的衝突是與驍勇善戰的部族庫爾什人 (Kurshes) 的戰鬥，庫爾什人居住在克萊佩達 (Klajpeda) 和文茨皮爾斯 (Ventspils) 間的波羅的海沿岸。這一富有的部族擅於農耕和航海，以海盜為業，且揮霍無度，將財富的極大部分與已故先人共同埋於土中。自十世紀起庫爾什人逐漸深入立陶宛土地，他們的大多數後來和拉脫維亞人結合為一，其餘則融入立陶宛民族之中。

　　庫爾什人之東，即北立陶宛和南拉脫維亞地區，住著則姆加

爾人 (Zemgals)，他們在豐沃的土地上耕種，並與鄰族交易，該部族後來成為拉脫維亞民族的一部分；庫爾什人的東南，住著生性平和的瑞馬伊特人 (Zhemaits)，他們與奧克什泰伊特人和立陶宛人在日後共同組成立陶宛民族的核心部分；庫爾什人之南，住著另一支波羅的海部族——斯卡爾夫人 (Skalvs)，此一昌明的部族從事農耕和貿易，時而進犯鄰族。部分斯卡爾夫人死於十字軍騎士劍下，其餘則歸入立陶宛；拉脫加爾人 (Latgals) 是波羅的海最大的部族之一，其絕大多數組成日後的拉脫維亞民族；普魯士人 (Prussians) 居住在維斯瓦和普列戈爾 (Pregol) 間的波羅的海地區，在與條頓騎士團的戰火中遭到殲滅。

　　波羅的海各部族間的相互關係相當複雜，且變化莫測，熱絡的貿易和文化的聯繫時常被鄰族間的相互襲擊所取代。

第四節　異族侵入

　　西元一世紀——羅馬帝國鼎盛的世紀，波羅的海東岸的部族受到羅馬商賈注意。當時發生在歐洲的民族大遷徙，在某種程度上也波及立陶宛土地。二世紀，在立陶宛土地上展開第一波大遷徙的浪潮。四世紀末葉，第二波移民潮方興未艾，波羅的海部族在來自西南方的哥特人 (Gothics) 威脅下，開始向南及向東移去。由於外來者是部族的「遠親」，彼此得以相安無事，沒有和地區居民發生軍事衝突。哥特人帶來新的風俗，影響當地部族的生活模式。之後波羅的海部族捲入歐洲大地的戰火之中。

　　五世紀上半葉，草原遊牧民族入侵立陶宛，焚毀東部和中部的居民區，消滅居民。六世紀，在東歐廣袤的大地上出現為數眾多的斯拉夫部族，從東方開始驅走波羅的海部族，波羅的海部族的居住地因而銳減。

　　與斯堪地納維亞的和平貿易關係被維京人的軍事行動完全破壞，軍事的衝突主要波及愛沙尼亞人、利沃人 (Livonians)、則姆加爾人和庫爾什人。維京人時代徹底改變波羅的海地區以東的局勢，在羅斯諸大河河岸古城接連興起——舊拉多加 (Old Ladoga)、諾夫哥羅德 (Novgorod)、普斯科夫 (Pskov)、波洛茨克 (Polotsk)、基輔，其居民由維京人、東斯拉夫人、芬蘭－烏戈爾 (Finno-Ugrians) 和波羅的海民族共同組成，在九世紀末葉建立古羅斯公國（基輔羅斯），而領導的地位則逐漸為羅斯人所取得。

　　九世紀末葉，商人兼旅行家伍利夫斯坦 (Wulyphstan) 曾提到愛沙尼亞土地上為數眾多、相互攻打的城堡。十世紀，此一景象也可在東立陶宛見到，當時的東立陶宛正全力抵抗基輔羅斯的來犯。亞特維亞格人自該世紀起開始感受到來自波蘭的壓力。十世紀，在西波羅的海部族的土地上首度出現基督教傳教士，波羅的海部族正面對基督教文明的降臨。

波羅的海民族和基督教

第一節　基督教國家環伺

　　自十一世紀開始，不論是天主教會或是東正教會，都亟思在波羅的海各部族中傳播基督教信仰。這一使命，由於波羅的海部族是北歐地區僅存的異教民族，更是勢在必為。

　　1009 年 2 月 14 日，在《奎德林堡 (Kvedlinburg) 編年史》中首度提到立陶宛這一名稱，同時也談到聖布魯農‧奎爾夫爾茨基 (St. Brunon Kverfurtsky) 的悲慘命運。布魯農的傳教任務為波蘭國王波列斯拉夫（勇敢的）(Boleslav I, the Brave) 所策劃，以向普魯士擴張自己的影響力為目的。早在 997 年他就曾派遣聖沃伊策赫‧阿達爾貝爾特 (St. Vojtseh Adalbert) 前往普魯士，後者不但一無所獲，且葬身波梅扎尼亞 (Pomezaniya)。當大主教聖布魯農‧奎爾夫爾茨基決定接替阿達爾貝爾特的使命時，波列斯拉夫派遣他前去普魯士的另一端——亞特維亞格人的土地，征服這些土地

使波蘭國王得以和弗拉基米爾 (Vladimir) 大公分庭抗禮，後者在 983 年曾迫使亞特維亞格人俯首稱臣。

　　布魯農一踏上亞特維亞格人的土地，即前往會見當地「國王」涅奇梅爾 (Netimer)，展開遊說，欲使後者受洗。遭到拒絕的布魯農將國王的肖像投入火中，涅奇梅爾下令將他火焚，布魯農被押往火場，卻倖免於難。涅奇梅爾認為此乃天意，即將之釋放，並與三百位親信近從皈依受洗，之後他甚至下詔處死拒不信教的自家兄弟。接下來的使命布魯農未能完成，他來到另一臣服涅奇梅爾的地區，卻成為當地公爵的階下囚，布魯農遭斬首，首級被投入立陶宛邊界的河中，其隨行人員則被處以絞刑。嗣後波列斯拉夫（勇敢的）贖回蒙難者的遺骸，建造教堂表揚其功績。

　　布魯農的傳教使命並非毫無成果，亞特維亞格人及其統治者涅奇梅爾在某個時期曾處在波蘭的影響之下（其土地與臣屬波蘭的馬佐維亞〔Mazovia〕界鄰，馬佐維亞諸公維繫此一影響力於不墜）。然而在波列斯拉夫逝世後不久，波蘭內部隨即分崩離析。

　　1038 年，馬佐維亞公爵梅茨拉夫 (Metslav) 與波蘭公爵卡齊米日一世 (Casimir I) 爭權。梅茨拉夫不僅使亞特維亞格人參戰，也使立陶宛人捲入戰火之中。基輔大公雅羅斯拉夫（睿智的）(Yaroslav, the Wise) 坐收漁翁之利，藉援助卡齊米日一世之便，於 1038 年進攻亞特維亞格人。1040 年雅羅斯拉夫更一舉攻入立陶宛，翌年進軍馬佐維亞，1044 年再次揮師立陶宛。終於在 1047 年發動一場決定性的戰爭，攻進馬佐維亞，梅茨拉夫陣亡，馬佐維亞再次併入波蘭，而亞特維亞格和立陶宛則落入羅斯的掌

控之中。

羅斯在立陶宛人和亞特維亞格人的土地上，建立起自己的城市和貿易中心（格羅德諾〔Grodno〕、沃爾科維斯克〔Volkovisk〕、新格羅多克〔Novogorodok〕）。十世紀時立陶宛的製品經格羅德諾東去，甚至遠達基輔。

此後立陶宛受羅斯的控制，向之獻禮納貢。貢品由與立陶宛交界的波洛茨克諸公徵收。立陶宛和羅斯建於昔日的互動關係，如今更加鞏固。立陶宛從羅斯處學得某些農耕和手工業方面的新事物，重大的改變則發生在社會和政治領域上。當時的立陶宛階級制度日益成型，公爵逐漸成為控制某一地區的專業統治者，早期的國家體制已在立陶宛形成。立陶宛人是波羅的海諸部族中唯一擅於建立成熟國家體制的民族。

十一世紀的立陶宛盤據在今日立陶宛的東部和白俄羅斯的西部。此前，斯堪地納維亞人曾多次強迫定居在北立陶宛和中拉脫維亞的則姆加爾人納貢，約在 1035～1040 年間，瑞典人的首領英格沃爾 (Ingvar) 也向其索求貢品。

維京人時代在十一世紀中葉結束，斯堪地納維亞人對波羅的海東岸的軍事行動也隨之平息。在此同時，波羅的海民族卻積極反攻，劫掠斯堪地納維亞沿岸。早在十一世紀初期丹麥便在沿岸地區建造防禦工事，阻止來自「東岸異教徒」的攻擊。在丹麥的教堂中甚至傳誦著如下的祈禱文：「拯救我們，上帝，免受庫爾什人侵犯。」

第二節　臣服羅斯，蓄勢待發

　　十二世紀初期，修士涅斯塔爾 (Nestor) 在《四季的故事》一書的前言中列舉向羅斯進貢的各民族，其中亦包括一些波羅的海部族：立陶宛人、則姆加爾人、庫爾什人和拉脫加爾人。關於庫爾什人的敘述可能存疑，則姆加爾人的確曾受波洛茨克的支配，但是在 1106 年擊潰波洛茨克諸公後，已完全擺脫他們的控制。拉脫加爾人向羅斯繳納貢品，直到十三世紀才結束。值得探討的是：向羅斯進貢的部族中並無亞特維亞格人，他們或是再度落入波蘭的控制之中，或是不受他人影響。1112 年羅斯曾再次攻打亞特維亞格人，並將之征服。

　　波洛茨克公國雖四處搜括貢品，內部卻早已呈現分裂的傾向，此一現象影響著立陶宛的命運。1128 年基輔大公姆斯季斯拉夫 (Mstislav) 發動大規模的公國聯軍，攻打波洛茨克，1130 年將波洛茨克的巴里斯維奇 (Borisovich) 家族的兩位公爵驅趕到拜占庭，降服波洛茨克。翌年姆斯季斯拉夫也對立陶宛發動攻擊，踐踏立陶宛土地，擄獲俘虜無數。然而在返途之中，立陶宛人殲滅離隊的基輔軍隊，此役雖非大勝，立陶宛軍力的日益強大卻由此可見。

　　流亡到拜占庭的巴里斯維奇兩位公爵於 1140 年返回波洛茨克，立志奪回政權，1146 年奪權成功。1151 年巴里斯維奇和格列巴維奇 (Glebovich) 兩家族之間引燃戰火，直到 1167 年才結束，

立陶宛人亦捲入戰爭之中。在兩軍對峙的混戰裡，立陶宛人藉此從中牟利。立陶宛提供波洛茨克諸公軍援，然而也極力利用其支持和幫助來壯大自己的勢力。在波洛茨克諸公的協助下，立陶宛已能在十二世紀將奧克什泰伊特人的其他土地納入自己的影響力之中，成為波羅的海地區政治整合的中心。

　　1159 年波洛茨克公羅格沃羅德‧巴里斯維奇 (Rogvolod Borisovich) 迫使羅斯奇斯拉夫‧格列巴維奇 (Rostislav Glebovich) 簽訂和約，其兄弟沃洛達爾 (Volodar) 因身在戰場，正與立陶宛人並肩作戰，未能宣誓服從和約。1162 年羅格沃羅德將沃洛達爾圍困在位於立陶宛邊界的戈羅杰茨克 (Gorodetsk) 城堡之中。白晝沃洛達爾深居城堡，不作戰，夜裡則和立陶宛人齊出，給予圍城者迎頭痛擊。喪軍無數的羅格沃羅德不敢回到波洛茨克，逃至德魯茨克 (Drutsk)。弗謝斯拉夫‧瓦西里克維奇 (Vseslav Vasiljkovich) 成為波洛茨克公爵，而沃洛達爾卻一無所得。立陶宛人即刻擁戴波洛茨克新主，並承認其為自己的統治者。1167 年沃洛達爾徹底被瓦西里克維奇殲滅，巴里斯維奇和格列巴維奇之間的兄弟鬩牆，以瓦西里克維奇勝利告終。

第三節　轉折時期——從蕞爾小國到軍事強權

　　1180 年，立陶宛人與另一向波洛茨克納貢的部族——利沃人參加波洛茨克的行軍。由於軍力薄弱，因此在一段時期內，立陶宛尚未下定決心和波洛茨克一刀兩斷，繼續向其納貢稱臣。但是，

　　當波洛茨克公國局勢穩定後，維持昔日的關係對立陶宛而言並非有利，畢竟它曾是相當鞏固且具影響力的國家。此外，隨著情勢的轉化，威脅日增；1180 年後，羅斯公爵間的內鬨暫時偃旗息鼓，羅斯可能重振旗鼓，而立陶宛已不願再仰人鼻息。

　　1183～1184 年冬天，立陶宛首次出其不意地大舉進攻羅斯的土地。立陶宛人不僅摧毀波洛茨克公國，還得到屬於諾夫哥羅德的普斯科夫。諾夫哥羅德公雅羅斯拉夫無力遏止局勢，數月後即遭諾夫哥羅德人罷黜。

　　1180 年以前的立陶宛還是無足輕重的落後地區，之後由於擅於發揮影響力，聯合許多波羅的海部族（可能是奧克什泰伊特人和瑞馬伊特人），成為統一的國家。從此開始，立陶宛每年都發動大規模的軍事行動，其戰鬥意志在近兩個世紀內不曾稍減。

　　立陶宛在 1185 年掃蕩利沃尼亞，驚惶失措的利沃人同意日耳曼傳教士梅恩哈爾德 (Meinhard) 之議，在利沃尼亞建起兩座石造城堡，供利沃人避難。同時也建立伊克什基爾 (Ikshkile) 主教國，成為日後里加大主教國的前身，日耳曼在利沃尼亞的統治地位自此肇端。

　　1190 年冬，基輔公留里克 (Rurik) 準備攻打立陶宛，卻滯留在平斯克 (Pinsk)，直到春天，然而此時的立陶宛已是一個不可小覷的軍事強國。1193 年留里克再次集結軍力進攻立陶宛，後因基輔公斯維達斯拉夫 (Sviatoslav) 之求，班師回朝。

　　接近 1196 年之時，亞特維亞格人侵略沃倫 (Voljn) 公國，此舉可能受立陶宛慫恿挑唆，因立陶宛人亦參與其中。早在十二世

紀初期，亞特維亞格人便因經常和沃倫公作戰，處在不利的地位。與此同時，馬佐維亞的波蘭人也向亞特維亞格人發動戰爭，以迫使異教徒改信基督教為藉口，實行侵占土地的計畫。

立陶宛攻打諾夫哥羅德在 1198 年已是家常便飯。諾夫哥羅德公雅羅斯拉夫之子伊賈斯拉夫 (Iziaslav) 在大盧克 (Velikie Luki) 被擁上公爵之位，肩負保衛諾夫哥羅德、抵抗立陶宛之責任。該年，他長眠於大盧克。該年秋天波洛茨克人和立陶宛人合力攻打大盧克，冬天，當雅羅斯拉夫揮軍進攻波洛茨克時，波洛茨克人跪地求和。

十二世紀在立陶宛的歷史上是重大的轉折時代，從受制於羅斯的蕞爾小國，搖身變成強大公國，且在未來中歐和東歐的歷史上扮演舉足輕重的重要角色。

第三章 │ *Chapter 3*

國家的建立暨基督教的
擴張

第一節　窮兵黷武，南征北討

　　1201 年立陶宛的使節來到甫建城不久的里加，與日耳曼人簽訂和約，此為立陶宛有史可考的首份國際條約。立陶宛所有與他國簽訂的類似條約，為時均甚為短促，通常是當第三國入侵時，為保障自身安全，才與另一國締約。十三～十四世紀的立陶宛可謂窮兵黷武之國，連年的南征北討，不可等閒視之。

　　1202 年里加主教成立寶劍騎士團。次年，在利沃尼亞的利耶勒沃爾德 (Lielvard) 一役，立陶宛的統治者戰死沙場，接班人斯恰克什斯 (Stiakchis) 於第二年初即捲土重來，再犯利沃尼亞，同樣是斃命戰場，從此以後立陶宛對利沃尼亞的征討相形漸少。在 1228～1237 年間，立陶宛的軍事行動可知的只有兩次（1230 年和 1234 年），據此可知，在斯恰克什斯的繼承人瑞溫布達斯 (Dzivinbutas) 死後，立陶宛國內奪權之爭綿延多時，僅在外患威

圖 2：希奧利艾之役

脅下才能攘內息爭，共禦外敵。

　　1230 年成立於維斯瓦的十字軍騎士團開始征討普魯士和亞特維亞格人的土地。對於異教徒的波羅的海各部族，尤其是立陶宛而言，為了存活，必須團結一致，已是不爭的事實。

　　在征服利沃尼亞之後，十字軍愈往南開疆闢土，與立場堅定的立陶宛衝突愈頻繁。1236 年 9 月十字軍和寶劍騎士團向立陶宛進軍，摧毀部分立陶宛土地，並在希奧利艾 (Shiauliaj) 回師再犯，其去路為維京達斯 (Vikintas) 麾下的部隊所截，鎩羽而歸，騎士團首領和四十八位騎士慘遭殲滅。 1237 年寶劍騎士團餘眾和 1230 年成立於普魯士的日耳曼（條頓）騎士團合併，組成條頓騎士團的利沃尼亞分支，是為利沃尼亞騎士團。立陶宛介於日耳曼騎士團旁支的利沃尼亞和普魯士之間，腹背受敵。

　　1239～1248 年間，立陶宛趁著羅斯受韃靼鐵蹄踐踏後的積弱

不振，屢次來犯。正是此時，立陶宛征服黑羅斯（十三和十四世紀的歷史地區，相當於今日涅曼〔Niemen〕河上游的白羅斯）和新格魯多克 (Novogrudok) 城堡，立陶宛的一位公爵甚至於 1239 年奪得斯摩稜斯克 (Smolensk)，然而為時不久即被擊潰，淪為弗拉基米爾大公雅羅斯拉夫的階下囚。

第二節　公國的創建者——明達烏戈斯

　　與日俱增的外來威脅並不能阻止立陶宛公國的建立，在十二～十三世紀之交，聯合立陶宛先人土地的條件已然成熟。將人民依社會地位分級已日益明顯：一種人耕田種地，另一種人征戰討伐，第三種人則企圖統治人民，部族首領的地位由世襲的公爵取而代之。若先前立陶宛人只策劃搶劫鄰土的攻擊行動，那麼現在他們則想徹底的將之據為己有，為此須鞏固社會發展的既得成

圖 3：立陶宛公國的創建者明達烏戈斯

果和團結力量。1230～1240 年代明達烏戈斯 (Mindaugas) 公爵殲滅部分敵人，降服一些對手，與其他人則攀親結戚，如同一家。正如《編年史》所載：「開始世襲公爵一家獨統立陶宛全部土地的局面。」

立陶宛公國的建立，聯合分佈在涅曼河流域的全部立陶宛土地，然而明達烏戈斯的政權在特定的程度上亦為斯卡爾夫人、納德魯夫人 (Nadruvs)、部分的亞特維亞格人和謝勒人所承認，涅曼河上游住著波羅的海—斯拉夫混合民族的土地也納入立陶宛公國。

年輕的公國旋即遭受考驗，1248 年大公與親族間發生嚴重的衝突。是年，明達烏戈斯派遣塔烏特維拉斯 (Tautvilas)、戈吉維達斯 (Giadividas) 和維京達斯經過斯摩稜斯克，進攻莫斯科的土地。在普羅特瓦 (Protva) 河立陶宛人擊潰莫斯科公米哈伊爾 (Michael) 的軍隊，米哈伊爾陣亡。蘇茲達爾 (Suzdal) 公隨即在祖布佐夫 (Zubtsov) 打垮立陶宛人。明達烏戈斯決定將敗將逐出立陶宛，並派遣軍隊對付莫斯科人。

塔烏特維拉斯、戈吉維達斯和維京達斯藏身沃倫公爵丹尼爾的城堡之中，後者決意協助逃亡者，遣兵進攻黑羅斯，奪得數座城堡。維京達斯收買亞特維亞格人和大部分的瑞馬伊特人，並與騎士團達成協議，共同組成國際聯盟，威脅殲滅立陶宛公國。然而老奸巨猾的明達烏戈斯成功地在敵人陣營中製造分裂，以接受基督教為名，拉攏利沃尼亞騎士團，與之化敵為友。

為阻止打著天主教旗幟的十字軍侵占立陶宛，1251 年明達烏

戈斯與親信接受天主教信仰，並使羅馬教皇將立陶宛置於其保護
之下，如此一來十字軍便興師無名。1253 年明達烏戈斯由羅馬教
皇加冕為立陶宛國王。統一立陶宛土地、改信天主教和加冕為王
是明達烏戈斯非凡的成就，不但鞏固公國，還拓展疆域，立陶宛
自此在歐洲列國間占有一席之地。

　　雖是成功，卻代價昂貴。利沃尼亞騎士團在公國內的影響力
逐漸擴大，明達烏戈斯只好拱手讓出部分的瑞馬伊特（另一部分
則贈給利沃尼亞主教）、亞特維亞格，和一些其他土地。為立陶宛
民族施洗的準備工作正在進行，然而人民並不願意接受新的信仰。
1256 年 1 月，瑞馬伊特人點燃與利沃尼亞十字軍的戰火，摧毀騎
士團的領地庫爾蘭 (Kurland)。在一連串勝戰之後，1257 年春天，
雙方簽訂為期二年的和約。

　　1259 年和約到期，瑞馬伊特人重開戰火。國土遭到韃靼蹂躪
的明達烏戈斯亟思和騎士團保持良好的關係，於是在 8 月 7 日將
所有的瑞馬伊特土地奉贈給騎士團。幾乎在此同時，三千瑞馬伊
特大軍劫掠庫爾蘭 ，並在斯庫歐達斯 (Skuodas) 附近大敗騎士團
的兄弟兵，然而明達烏戈斯卻未因此改變初衷。

　　1260 年在庫爾蘭的杜爾拜 (Durbe) 湖畔，瑞馬伊特痛殲普魯
士和利沃尼亞騎士團聯軍，此役是騎士團最慘重的敗績，在十三～
十四世紀的波羅的海各地喚起自由之戰，其中包括綿延十四年的
普魯士大起義（1260～1274 年）。1261 年，明達烏戈斯拒絕天主
教 ，與十字軍騎士兵戈再起 ，卻在 1263 年死於特連涅塔
(Treneta) 的陰謀之中，特連涅塔自封為立陶宛大公。

圖 4：杜爾拜之役

　　明達烏戈斯死後，異教信仰重返立陶宛。在接下來的幾年裡，
大公之位數度易手，不斷換人。

第三節　權力之爭

　　立陶宛公國成立之後，明達烏戈斯將許多傳播東正教信仰的
東斯拉夫人的土地併入立陶宛，公國內因此出現不少的羅斯人。
明達烏戈斯之子沃伊謝勒戈斯 (Voishelk) 依東正教的儀式受洗，
成為修士。在父兄逝世之後，沃伊謝勒戈斯離開修道院，捲入權
力的鬥爭之中。1264 年特連涅塔為明達烏戈斯的親信所弒，沃伊
謝勒戈斯被擁上公爵之位（1264～1267 年），不久即棄位，再次

遁入修道院之中，　羅斯的加利茨—沃倫公爵謝瓦倫　（Shvarn，1267～1269 年）踐位。在這些東正教公爵的統治期間，擴大立陶宛和羅斯的貿易關係。

謝瓦倫逝世後，　異教徒特拉伊加尼斯 (Traidjanis) 繼任大公（1269～1282 年），在位期間曾多次戰勝十字軍，並征服黑羅斯，因此博得盛名。

十三世紀末葉是立陶宛諸公爵爭權奪利、兄弟鬩牆的時代，其間大公之位數度更迭，直到 1295 年維登尼斯（Vytenis，1295～1316 年）成為大公，才為爭權內鬩劃下句點。

第四章 | *Chapter 4*

立陶宛大公國之
社會暨政治發展

第一節　格迪米納維奇王朝

　　立陶宛大公國建立在約八萬平方公里的廣大土地上，人口約
三十萬至四十萬。早在十三世紀即因吞併波羅的海其他民族和羅
斯的土地而幅員遼闊。

　　十三世紀末的立陶宛由格迪米納維奇 (Gediminovich) 王朝統
治。維 登 尼 斯、格 迪 米 納 斯
(Gediminas)、阿爾吉爾達斯 (Algirdas)
拓展疆土，擊退來犯的十字軍，其中
後項功業尤屬難得。條頓騎士團有眾
多來自西歐的十字軍兵源為後盾，不
遺餘力地大舉進攻立陶宛，並以立陶
宛人仍是異教徒為藉口，隱藏侵略的
野心。立陶宛人民並不急於接受基督

圖 5：維登尼斯

圖 6：位於維爾紐斯的立陶宛大公格迪
米納斯雕像

圖 7：阿爾吉爾達斯

教，因為新的信仰仗勢欺人，而且利沃尼亞人民的命運又歷歷在
目，堪為前車之鑑。

　　十字軍每年對立陶宛發動一到三次的軍事行動，侵略瑞馬伊
特和涅曼河上游，還曾經在十四世紀下半葉逼近維爾紐斯。立陶
宛人民建造堡壘，防衛瑞馬伊特和涅曼河岸，也曾在公國的中心
地區築起石造城堡，防禦異族入侵，維爾紐斯和特拉凱 (Trakai)
是軍事要地。經年累月地與十字軍征戰，使立陶宛公國的經濟破
敗蕭條。

　　趁著 1298～1330 年間，利沃尼亞各勢力間內鬨紛爭之際，維
登尼斯和格迪米納斯支持里加城和里加大主教，以此加速敵人陣
營的崩潰。1298 年 3 月，維登尼斯與里加城、里加大主教結盟，
共同抵禦利沃尼亞騎士團，並承諾帶領立陶宛全體人民接受天主
教。里加與立陶宛協力，曾多次給予利沃尼亞騎士團迎頭痛擊，

圖 8：馬利安堡　位於普魯士的馬利安堡騎士團城堡是條頓騎
士團的重鎮，征討立陶宛的十字軍便是由此出發。

里加市民因而在通往里加城的要衝之地為立陶宛人建造城堡，在
十四世紀的百年中稱之為「立陶宛堡」。6 月，普魯士和利沃尼亞
的十字軍聯盟大敗里加和立陶宛，里加被迫與騎士團締結和約，
但與立陶宛的結盟則一直持續到 1330 年。從十三世紀起里加和立
陶宛即開始貨物交易，是立陶宛重要的貿易夥伴。與歐洲的貿易
則因騎士團普魯士分支的封鎖，直到十四世紀末葉仍無進展。

　　1309 年日耳曼騎士團的首都從威尼斯遷至普魯士的馬利安
堡 (Marienburg)，集中火力攻擊波羅的海，維登尼斯在位的最後
數年便是在與十字軍的征戰討伐中度過。1317 年東正教宗主國在
新格魯多克成立，一直持續到 1330 年才結束。為獨立的宗主國而
戰，是十四世紀立陶宛東方政治的主要部分，以此確立立陶宛在
征服來的羅斯土地上的政權。只有建立強盛的帝國，立陶宛才能

抵禦為西歐所支持的日耳曼騎士團的壓力。格迪米納斯在位初年
即為帝國的規模奠定基礎,在其當政之時,維爾紐斯成為立陶宛
的首都。

第二節　維爾紐斯建城

　　今日立陶宛的首都——維爾紐斯的所在地,在十三世紀時是
風濤呼嘯、樹浪翻騰的千年橡樹林,不少人到此射禽獵獸。立陶
宛公爵之一的什溫塔拉吉斯 (Shviantaragis) 下令在所愛的狩獵
地——山巒之間、維爾紐和納里斯 (Niaris) 兩河交匯的河谷,即
雷神派爾庫納斯 (Piarkunas) 的聖地,整治圍囿。從此以後河谷以
什溫塔拉吉斯為名,什溫塔拉吉斯即長眠於此。

　　這裡也是立陶宛大公格迪米納斯喜愛的地方。傳說在 1322 年
格迪米納斯追蹤龐大山羊來到山巔,山腳下維爾紐和納里斯河水
光瀲灩。疲憊的大公決定在聖地附近、什溫塔拉吉斯葬身之處過
夜。夢中,在山之巔,他殺死山羊,忽見身披鐵甲的巨狼在月下
長嗥,聲響震天,似乎是群狼齊嗥。夢醒後,格迪米納斯召來長
老祭司為他解說奇夢。經過長時間的沉思之後,祭司為他解夢:
鐵甲巨狼意味著,在此地應建造強固的城堡和城市——公國的首
都;群狼齊嗥,則是象徵格迪米納斯的榮譽遍傳世界各地。如此
的解夢深得大公的歡心,自此以後便開始在山上大興土木,建造
城堡,並砍斷千年橡樹,在城堡附近興建城市,維爾紐斯於是奠
基,格迪米納斯從特拉凱遷都維爾紐斯。

第三節　立陶宛暨羅斯大公國

　　在整個十四世紀，基督教世界不僅一次聽說立陶宛執政者有接受基督教的意願，其中以 1322～1324 年格迪米納斯採行的措施最為重要。格迪米納斯大公在歐洲廣發信函，表示願意接受基督教，並歡迎移民立陶宛，然而與羅馬教皇使節的談判卻沒有結果，立陶宛因此保留強硬的異教徒立場。1358 年與神聖羅馬帝國皇帝卡爾四世的談判也告吹，因阿爾吉爾達斯要求條頓騎士團遷居黑海草原，及給予立陶宛南以普列戈爾和阿爾納 (Alna) 兩河為界，北至道加瓦和艾維克斯捷 (Aivekste) 河間的土地，即除普魯士以外，所有波羅的海部族的居住地。雖然談判未獲成功，卻給立陶宛必不可缺的喘息機會，養精蓄銳，繼續在歐洲的外交舞臺上捭闔縱橫。

　　格迪米納斯武功和外交雙管齊下，使得條頓騎士團在十年間未對立陶宛發動攻擊。在這段時間內，公國壯大，能給予來犯的十字軍強力的反擊。格迪米納斯從歐洲各地廣邀商賈、手工業者和學者來到立陶宛，允許在立陶宛建造首座天主教修道院。在他的統治之下，立陶宛的都市、貿易和工藝繁榮興盛，立陶宛躍身強國之林。

　　在與羅斯的關係上，格迪米納維奇王朝延續明達烏戈斯的政策，後者曾征服所謂的「黑羅斯」。大多數的羅斯土地並非格迪米納斯征討得來，而是用和平的手段取得。

在經過韃靼－蒙古的襲擊之後，羅斯諸公國一分為二：其一是向入侵者繳納貢品，爭奪大公之位，獲得金帳汗國的封誥；其二是臣服立陶宛，活在羅斯的舊有體制之中。莫斯科自認是基輔羅斯的繼承人，然而莫札伊斯克 (Modzajsk) 以外以及更西地方的居民對此繼承人亦當仁不讓，更何況他們自稱為羅斯人，而視東北羅斯的人民為「莫斯科人」、「特維爾人」、「普斯科夫人」等等。

部分羅斯土地為了免於韃靼的踐踏，歸順立陶宛，立陶宛暨羅斯大公國因而形成，即兩個勢力相當的強權，擁有共同的政策──「徵集羅斯土地」。當立陶宛暨羅斯大公國和莫斯科羅斯的國界逐漸接近之時，兩國的關係日益敵對。莫斯科視立陶宛為自古以來羅斯土地的侵奪者，而立陶宛暨羅斯大公國則自信有十足的權利徵集羅斯的土地，更何況公國內十分之九的人民是羅斯人，立陶宛人和瑞馬伊特人只是其中的少數民族──享有特權的少數民族。在與莫斯科爭奪大公之位的戰鬥中，特維爾 (Tver) 和諾夫哥羅德的公爵為求庇護，也來投靠立陶宛。

在格迪米納斯逝世之後，立陶宛暨羅斯之位由其子雅烏奴奇斯 (Iaunutis) 繼任，但他卻無能管理龐大的國家，因此其幼弟恰斯圖奇斯 (Kjastutis) 將他免職。立陶宛之位由阿爾吉爾達斯和恰斯圖奇斯兩兄弟共掌，劃分彼此的勢力範圍。恰斯圖奇斯管理立陶宛本土和瑞馬伊特，擊退來犯的十字軍。阿爾吉爾達斯與羅斯有貿易和軍事的聯繫，致力徵集羅斯土地。兄弟兩人性格大異，阿爾吉爾達斯為一東正教徒，其母其妻均為羅斯人。恰斯圖奇斯為典型的立陶宛人，暴戾的異教徒，驍勇善戰，多次擊退十字軍，

成為民族英雄。

十四世紀初期，立陶宛控有波洛茨克，在阿爾吉爾達斯執政末期，公國的領域拓展到聶伯河以東的黑海草原地帶，面積增加至八十萬平方公里，人口在一百萬之數。正是在阿爾吉爾達斯時期，確定立陶宛暨羅斯大公國的疆域。在奪來的羅斯土地上，立陶宛並未更改其原有的國家體制，只是由臣服格迪米納維奇大公者取代留里克維奇王朝的管轄統治，羅斯大臣雖保有地位卻無權涉政。

由於國家隨時都須處在戰備狀態，軍人在立陶宛社會中的角色因而得到提升，然而擁有的名望並不能成為他們晉身統治國家之階。大公為國家元首，其地位由氏族支持擁護。立陶宛和羅斯的地方官由王朝成員擔任，十四世紀中葉，同時有四十位格迪米納維奇王朝的成員任職地方官。大公有權撤回地方官，因此在相當長的時間內得以避免內爭，彼此相安無事。

阿爾吉爾達斯在位末期，國家面臨新的威脅，再度挑起戰端的條頓騎士團摧毀維爾紐斯和特拉凱郊區。在羅斯，立陶宛遭遇到立場堅定的莫斯科的反擊。以岳父特維爾公爵米哈伊爾為靠山，阿爾吉爾達斯對莫斯科發動三次軍事行動（1368年、1370年、1372年），卻無法攻城陷地。1375年，特維爾被迫承認莫斯科政權，終止和立陶宛的盟友關係。若以前立陶宛的財富和雄師來自俄國土地，那麼如今則須全力以赴才能保持既有，與鄰國的關係須重新定位已是顯而易見的事實。1377年阿爾吉爾達斯逝世後，王朝內鬨四起。阿爾吉爾達斯之子亞蓋洛 (Jageillo) 繼承父業，恰

斯圖奇斯輔政。

第四節　亞蓋洛──新王朝的創始人

　　亞蓋洛是新一代的代表，恰斯圖奇斯則是舊日異教徒力量的擁護者，其子維陶塔斯 (Vytautas) 是一位致力改革的政治家。1380 年亞蓋洛和條頓騎士團締結密約：一旦騎士團進攻恰斯圖奇斯的領地時，亞蓋洛將置身事外，袖手旁觀。恰斯圖奇斯得知亞蓋洛變節，決定將他逐出維爾紐斯。1382 年恰斯圖奇斯為亞蓋洛所擒，死在監獄，維陶塔斯倖免於難，得到條頓騎士團的庇護，亞蓋洛統治立陶宛。

　　1383 年 7 月 30 日，條頓騎士團向亞蓋洛宣戰。8 月 12 日十字軍部隊與維陶塔斯合力奪下特拉凱，並圍攻維爾紐斯。翌年，

圖 9：新王朝的創始人亞蓋洛

亞蓋洛建議維陶塔斯簽訂和約，允諾歸還世襲領地。7月9日維陶塔斯焚毀三座十字軍城堡，返回立陶宛。

　　立陶宛早晚都須告別異教徒信仰已是不爭的事實，條頓騎士團、波蘭和東正教的羅斯都已準備提供一臂之力，幫助立陶宛接受基督教。1385年8月14日，亞蓋洛與波蘭簽訂《克列夫聯合》，其中亞蓋洛表明與波蘭女王雅薇佳 (Jadwiga) 聯姻，及偕同兄弟姊妹接受天主教的意願，即是以波蘭王位交換立陶宛人民受洗信教。1386年2月2日，波蘭貴族會議在盧布林 (Lublin) 選舉亞蓋洛為波蘭國王，亞蓋洛來到克拉科夫 (Kracow)，2月15日接受天主教，得名弗拉基斯拉夫 (Wladislaw)，3月4日加冕為王，是為弗拉基斯拉夫・亞蓋洛，亞蓋洛王朝自此發端。《克列夫聯合》是以波蘭和立陶宛結成聯盟（君合國）為先決條件，然而兩國政府間的關係卻相當撲朔迷離。此時的亞蓋洛仍是立陶宛大公，立陶宛因而被併入波蘭王國。

　　1387年2月亞蓋洛依《克列夫聯合》之規定著手改革：建立維爾紐斯主教區，保障接受天主教之貴族享有與波蘭貴族同樣的自由，下詔全體立陶宛人民信奉天主教，成立七個教區。雖然當時異教徒信仰的立陶宛已具備文明的基本要素，然而改信天主教可謂是立陶宛文化上的一大變革。對國家而言，此舉意義重大，國家和社會不僅因此得以現代化，且可參與歐洲事務，不再避居一隅。

　　在立陶宛受洗的年代裡，曾頒訂三項重大的法律，據此，天主教教會獲得大片土地，還擁有法律和財產的豁免權。天主教在

圖 10：立陶宛受洗

立陶宛養尊處優，亞蓋洛還擴大立陶宛天主教望族在私有土地上
的權力。維爾紐斯得到「馬格德堡 (Magdeburg) 城市權」，開始形
成西歐素有的城市階級。

隨著立陶宛正式接受天主教，立陶宛與莫斯科羅斯間開始新
的、更加複雜的關係。

第五節　維陶塔斯──十字軍的終結者

亞蓋洛企圖藉波蘭之力駕馭立陶宛，卻不得立陶宛民心。
1389 年維陶塔斯在攻打維爾紐斯無功而返後，起義對抗亞蓋洛和
立陶宛的波蘭政權。次年，維陶塔斯再與騎士團結盟，並允諾履
行從前的義務。既有立陶宛的貴族為後盾，又得條頓騎士團的幫
助，維陶塔斯持續王位之爭。1392 年亞蓋洛終於讓出立陶宛大公

圖 11：十字軍的終結者維陶塔斯

的頭銜。維陶塔斯在極短的時間內鞏固中央極權，並肅清隨之而來的內部紛爭。

　　維陶塔斯繼續改革之路，廢黜格迪米納維奇王朝的官員，採用親信，派任地方官，遍授土地和農民，以此加強大公對地方官員的控制。接受天主教之後，開始大興土木建造教堂和修道院，學校和文化因而普及，為立陶宛人民開啟歐洲大學之門。

　　1396 年金帳汗國可汗為帖木兒大汗所敗，逃至立陶宛，尋求庇護，允諾以全部的羅斯土地交換維陶塔斯的協助。維陶塔斯與十字軍締約言和，全力討伐東方。他希望借助可汗之力，迅速建立強大的國家，成為國王。1397～1398 年他向黑海和克里米亞發動兩次行軍，帶回為數不少的韃靼人和卡拉伊姆人 (Karaim)，將之安頓在特拉凱公國。

　　1399 年維陶塔斯發動首次的立陶宛十字軍遠征，討伐韃靼

人，維陶塔斯率領立陶宛、波蘭和日耳曼騎士團聯軍來到沃爾斯克拉 (Vorskla) 河，與韃靼軍隊遭遇，8 月兩軍交戰，立陶宛潰敗，維陶塔斯雖奇蹟般地得以保全，然而其成為立陶宛國王和全羅斯領袖的計畫卻化為泡影。

立陶宛之所以由波蘭居中，接受天主教的原因之一是，條頓騎士團為立陶宛和波蘭的共同敵人。立陶宛一旦接受天主教，騎士團便興師無名，然而騎士團兄弟們並不承認立陶宛的信教，繼續征戰討伐。十四世紀末和十五世紀初，騎士團得到汲汲所求的瑞馬伊特，為聯合普魯士和利沃尼亞騎士團的領地提供先決條件，然而瑞馬伊特人桀傲不屈，興師起義，1409 年的起義成為 1410～1411 年立陶宛－波蘭和騎士團戰爭的導火線。1410 年 7 月在普魯士的格林瓦爾德 (Grunwald) 附近爆發一場地區上史無前例的激戰，立陶宛－波蘭聯軍在維陶塔斯和亞蓋洛的率領下痛殲騎士團，騎士團首領和許多著名騎士共約一萬八千人戰死沙場。格林瓦爾德之役摧毀騎士團的軍事威力，破壞日耳曼騎士奴役波羅的海和斯拉夫民族的計畫。此後條頓騎士團和普魯士的騎士國家一蹶不起，而立陶宛和波蘭的聲望與勢力則如日中天。

1411 年立陶宛和騎士團簽訂和約，立陶宛拿回瑞馬伊特，此後展開為時甚久且困難重重的談判，直到 1422 年立陶宛－波蘭和條頓騎士團方能訂立和平協定，討伐立陶宛的十字軍騎士團至此結束，劃上句點。

十五世紀的前幾十年中，維陶塔斯對羅斯發動一系列的軍事行動，征服諾夫哥羅德和普斯科夫，1425 年更使莫斯科俯首稱

圖 12：格林瓦爾德之役，立陶宛－波蘭聯軍痛殲騎士團。

臣，其影響力甚至韃靼可汗亦敬畏誠服。1422 年維陶塔斯聽從胡斯❶黨人的建議，接受捷克王位，並派遣自己的地方官前往該地任職。

　　立陶宛和波蘭的關係仍舊劍拔弩張，自 1385 年簽訂《克列夫聯合》開始，波蘭達到使立陶宛以「小弟」自居的目的。苦無機會脫離與波蘭聯合的立陶宛，在十四世紀末和十五世紀初不止一次的與波蘭重開談判。為保持國家完整和政治獨立，立陶宛不惜代價，多次讓步，委曲求全。

　　維陶塔斯為東歐最具影響力的領袖之一。1429 年神聖羅馬帝國皇帝西吉斯姆德 (Zygmunt) 提議加冕維陶塔斯為波蘭國王，卻引來嚴重的政治後患，波蘭國王委員會堅決反對維陶塔斯登基封

---

❶　胡斯是十五世紀捷克的宗教改革家。

王，預定於 1430 年 9 月 8 日在維爾紐斯舉行的加冕大典，因波蘭的幕後破壞而告吹。維陶塔斯旋即逝世（10 月 27 日），葬於維爾紐斯大教堂。維陶塔斯執政時期的多項豐功偉業：結束十字軍的侵略，立陶宛成為天主教國家，加速社會、經濟和文化的發展等等，為立陶宛歷史寫上新頁。

第六節　王權旁落，貴族坐大

維陶塔斯死後，亞蓋洛重掌立陶宛，然而他卻將政權傳給自己的兄弟斯維德里蓋洛 (Swidrigiello)，此舉引起波蘭人的不滿情緒，並轉變成軍事衝突。1432 年波蘭人廢黜斯維德里蓋洛，維陶塔斯之兄弟西吉斯姆德為波蘭人擁護成為大公，並與波蘭重修舊好。10 月的《格羅德諾協定》，西吉斯姆德以波蘭王國的利益為考量，放棄立陶宛主權的法律保障。1434 年宣佈在公國內及羅斯土地上貴族的權利不受侵犯，藉此拉攏貴族站在自己的一方。6 月 1 日波蘭國王暨立陶宛大公亞蓋洛逝世。發動權力之爭的西吉斯姆德於 1435 年在烏克梅爾格 (Ukmerge) 附近擊潰斯維德里蓋洛及其盟軍利沃尼亞騎士團。騎士團對立陶宛的最後一次攻擊以騎士團潰不成軍告終，1438 年戰爭結束，而西吉斯姆德卻於 1440 年在特拉凱遇弒，死在陰謀者的手中。

1440 年，立陶宛的封建領主未經波蘭國王委員會的允許，擅自宣佈擁立亞蓋洛之子，年僅十三歲的卡齊米日為大公——卡齊米日四世。1442 年卡齊米日與瑞馬伊特人締約，瑞馬伊特人的土

地徹底納入立陶宛版圖，保有自治地位。1447 年卡齊米日成為波蘭國王，對立陶宛事務較少關心。1449 年與莫斯科公國簽訂永久和約，在以前屬於羅斯的土地上劃定莫斯科的勢力範圍，是對日益強盛的莫斯科公國的極大讓步。1478 年莫斯科大公向立陶宛索回波洛茨克、維捷布斯克、斯摩稜斯克和其他羅斯土地，並自 1484 年起自稱為「全羅斯領袖」，立陶宛統治者對此稱號不予承認。

在《盧布林聯合》（1569 年）簽訂之前，立陶宛與波蘭共戴一主，同屬一個王朝（亞蓋洛王朝），兩國關係密切，政治一統（1492～1501 年除外）。卡齊米日的年輕無知，加上嗣後的經常往來波蘭，導致實際的權力集中在大地主和國家權力代表——貴族代表會議的手中。貴族在國家的地位與日俱增，1447 年卡齊米日解除貴族對國家的稅賦，並賦予其審判農民的權力。

1492 年貴族代表會議終於得到卡齊米日的接班人——亞歷山大（1492～1506 年，1501 年成為波蘭國王）的允諾，所有新的法律均須經過代表會議同意方可確立。西姆（Sejm，議會）在十五世紀末逐漸成為國家的重要機構，所有高層階級的代表均可與會議事，為其一員。

受到波蘭貴族階級特權的影響，俄國大貴族亦起而跟進，要求與前者相同的權利，參與國家事務，從事外交活動。俄國大貴族保有自己的語言和宗教，同時也考量立陶宛的利益，以此左右與日益茁壯的莫斯科公國的關係。莫斯科開始向立陶宛表明覬覦立陶宛大公國轄下的俄國土地的野心。在亞歷山大及其兄弟老西

吉斯姆德在位（1506～1548 年）時，莫斯科與立陶宛間戰火不斷。

第七節　俄國的野心和波蘭的覬覦

　　亞歷山大建議伊凡三世與之簽訂和約，並要求其將女兒伊蓮娜 (Elena) 許配給他，伊凡三世同意所求，但附帶一必須的條件──不能強迫其愛女改信天主教。亞歷山大信守諾言，伊蓮娜至死為東正教徒。

　　然而伊凡三世需要波羅的海出海口，他先是與瑞典作戰，在 1497 年打敗瑞軍。然後藉口傳聞其女被迫接受天主教，發兵攻打立陶宛。1500 年羅斯聯軍給予立陶宛毀滅性的一擊，此後雙方簽訂為期六年的和約，三分之一從前屬於立陶宛的羅斯土地，轉歸伊凡三世。1523 年立陶宛讓與俄國斯摩稜斯克。雙方雖於 1537 年再度訂立和約，與莫斯科的關係仍舊處在極端緊張的局面。

　　立陶宛與波蘭的關係亦是問題叢生。雖然兩國聯合的過程正在進行，問題亦逐漸暴露。立陶宛與西方的聯繫由波蘭居中操縱，波蘭冀望從此情勢中得到利益。波蘭垂涎立陶宛有利於開墾殖民的廣袤土地，然而實現聯合政府，或將立陶宛併入波蘭版圖，仍毫無進展。立陶宛的貴族會議建議老西吉斯姆德加冕其子西吉斯姆德二世‧奧古斯特 (Zygmunt II August) 登基立陶宛王位。為此，波蘭貴族必須歸還昔日皇帝送予維陶塔斯的皇冠。

　　階級分化和貴族勢力的鞏固，以及來自莫斯科日增的壓力和波蘭的覬覦，使立陶宛處在緊張的局勢之中。大貴族的霸權引致

小貴族的不滿，老西吉斯姆德及其子西吉斯姆德二世‧奧古斯特（自 1544 年起共同執政，1548～1572 年獨掌政權）不得不花費心力，以重建社會的均等和諧。1529 年頒佈第一立陶宛法律——《大公國法律彙編》，舉凡國家體制、權力和領導機構、權利系統和貴族特權等均取得合法的地位，全體國民均有服從此一法律的義務。開始實行改革，舊的特權得到確認，並賦予新的特權。採行的措施雖化解緊張的局面，許多貴族仍然堅持反對的立場。1566 年第二立陶宛法律生效，確認十六世紀中葉的改革，擴大貴族的權利。

　　1529 年立陶宛和利沃尼亞簽署新約，劃定邊界，新界接近今日的國界。從十六世紀中葉起，立陶宛社會大眾的注意力逐漸轉向利沃尼亞的事件上。立陶宛對與西方及波羅的海各港口的貿易興致盎然，1557 年在帕斯瓦利斯 (Pasvalys) 締約，立陶宛和利沃尼亞結成聯盟，共同抵禦俄國，此為利沃尼亞戰爭前夕所採行的諸多外交手腕之一。翌年俄國軍隊進犯納爾瓦、塔爾圖、塔林，立陶宛出兵防護利沃尼亞，嗣後波蘭亦加入立陶宛陣營，丹麥和瑞典則是為自身利益而戰，開始利沃尼亞戰爭。根據 1561 年的《維爾紐斯條約》，利沃尼亞土地併入立陶宛大公國，隨後則併入波蘭王國。次年，恐怖伊凡的軍隊攻打立陶宛，目的在攫取前屬俄國的土地。1582 年立陶宛－波蘭聯軍在斯捷凡‧巴托利 (Stefan Batory) 的領導下，所向披靡，戰敗俄軍，結束利沃尼亞戰爭。

第五章 │ *Chapter 5*

王政共和時期

第一節　《盧布林聯合》

　　曠日費時的利沃尼亞戰爭（1558～1583 年）削弱波蘭和立陶宛的國力。來自莫斯科公國恐怖伊凡的威脅與日俱增，迫使立陶宛大公國在利沃尼亞駐紮重兵，為了支應龐大的軍需，政府不得不再三地向西姆請求軍事援助，重稅和軍役招致小貴族的不滿，而軍中無餉可發，更使人心渙散，軍紀掃地。立陶宛無力單獨應付戰爭已是不爭的事實，於是中、小貴族著手謀求和波蘭更為密切的聯合。除此之外，大地主也向波蘭靠攏，希望經過波蘭領土擴大和西方的貿易。加上在此之前立陶宛已採行若干波蘭式的國家體制，凡此種種使得聯合的形成更簡易順利。

　　對波蘭而言，聯合也是有利可圖，波蘭大地主早已垂涎豐饒的烏克蘭土地。西吉斯姆德二世‧奧古斯特年邁無子，波蘭人心惶惶，唯恐西吉斯姆德二世‧奧古斯特之死，將導致與立陶宛關

係的中斷。此外，來自土耳其的威脅，也是促使波蘭走向與立陶宛建立更密切聯合的主要動力之一。

兩國於 1563～1564 年在華沙西姆展開談判，因故中斷，1569 年在盧布林重新談判，也無法獲得一致的結論。波蘭堅持聯合須以 1385 年的《克列夫聯合》為基礎，立陶宛封建領主則提議以《立陶宛法律》為根基，為波方所拒，立陶宛於是集體退出西姆，以示抗議。

波蘭大地主趁著立陶宛代表缺席之際，向立陶宛提出土地的要求，根據國王的命令，立陶宛大公國的四個省——基輔、沃倫、波多利耶 (Podolia) 和波德拉謝 (Podlashie) 併入波蘭王國。立陶宛代表團重返盧布林談判桌，經過激烈的爭辯之後，擬定折衷式的聯合方案。

1569 年 7 月 1 日《盧布林聯合》確定，宣佈波蘭和立陶宛共組聯邦國家——共和國。共和國共擁一主，加冕大典在克拉科夫

圖 13：簽署《盧布林聯合》

舉行，擁有共同的西姆和參政院，外交政策一致。立陶宛封建領
主有權在波蘭擁地置產，波蘭貴族在立陶宛也享有同樣的權利，
波蘭小貴族因此得以在立陶宛大公國落地生根。此外，兩國保有
獨立的政治、各自的國庫、自家將領統帥的軍隊和自己的官僚制
度，立陶宛同時還保有先前確立的權力和特權，以及幣制、法律
和國家印信。

　　新國家的建立雖使兩國在形式上聯合為一，卻因立陶宛大封
建領主和望族的強烈反對而無法完全結合。波蘭－立陶宛聯邦強
調兩國貴族的政治地位，小貴族趁機擴張自己的勢力，同時也為
實行波蘭化和兼併立陶宛大公國提供先決條件，在聯合的名義下，
波蘭企圖將立陶宛大公國納入自己的版圖，或者至少是將它置於
次要的地位。凡此種種都招致立陶宛社會深切的不滿。而國家元
首在波蘭選舉（雖是由共同西姆選出），且在克拉科夫加冕，使波
蘭在選舉國王時占有優勢，更是引來抗議。此外「聯合」給予波
蘭貴族在立陶宛購置土地和封官晉爵的機會，侵犯到立陶宛貴族
自古擁有的權利。在兩國貴族權利的消長之中，立陶宛貴族的獨
立自主受到顯見的威脅。

　　在《盧布林聯合》簽訂之後，波蘭著手對立陶宛人民，尤其
是貴族實行波蘭化，漸漸地，立陶宛貴族開始自認是波蘭人，而
非立陶宛人。此一趨向嚴重削弱立陶宛獨立國家的地位，遏制民
族文化的發展，這一切在立陶宛大公暨波蘭國王、格迪米納維奇
王朝的西吉斯姆德二世‧奧古斯特逝世後，更是變本加厲，此後
共和國的統治者已是非立陶宛裔的天下。

第二節　戰爭之秋

　　1572 年西吉斯姆德二世‧奧古斯特逝世，結束立陶宛格迪米納維奇王朝（1316 年起）的統治。此後四年間，若不計法人亨利的數月政權，立陶宛實則處在無主的局面。1576 年，特蘭西瓦尼亞的斯捷凡‧巴托利被選為共和國國王和大公。

　　巴托利為了爭取立陶宛貴族的支持，召開全國貴族會議（雖然類似的會議不為「聯合」所允許），討論立陶宛大公國迫切的課題、小貴族的權利和有關課稅的問題。在違反「聯合」的原則下，巴托利還在立陶宛舉行「大縉紳會議」，溝通立陶宛貴族在西姆的一致立場，藉此立陶宛得以保有政治自主。關於立陶宛大公國在共和國體制內的政治自主，亦可見於 1588 年在維爾紐斯確認的第三立陶宛法律。立法禁止外國人在立陶宛購買土地和擔任國家要

圖 14：斯捷凡‧巴托利

職，確立立陶宛的獨立自主，不使國家屈從在波蘭大封建領主的利益之下。法律實行到 1840 年，亦即在立陶宛併入俄帝國之後仍舊有效。

利沃尼亞戰爭結束後不到二十年，又爆發新的軍事衝突，這次是波蘭－立陶宛和瑞典的戰爭。1592 年波蘭－立陶宛國王西吉斯姆德三世‧瓦扎（Zygmunt III Waza，1587～1632 年）繼承瑞典王位。他那不靈活的政治手腕和狂熱的天主教信仰，引來瑞典新教徒的抗議，西吉斯姆德三世‧瓦扎只好回到波蘭。1599 年瑞典議會選舉卡爾 (Karl) 為新王，1604 年加冕，是為卡爾九世。共和國和瑞典的對立持續上升。

1600～1629 年間主要的歷史事件是波蘭－立陶宛和瑞典的戰爭，以重振波蘭－立陶宛執政者西吉斯姆德三世‧瓦扎在瑞典的權力，並奪取引人爭議的利沃尼亞土地。1621 年瑞典奪得里加，並長期占據道加瓦河河口。隨著瑞典的主力部隊向東開去，

圖 15：西吉斯姆德三世‧瓦扎

戰爭在立陶宛和波蘭的土地上如火如荼地展開。

瑞軍在普魯士的勝利，決定戰爭的結局。經過長時間的談判之後，1629 年在阿爾特馬爾克 (Altmark) 簽署六年的和約，前屬波蘭領地的利沃尼亞劃分如下：今日的北拉脫維亞和南愛沙尼亞（利沃蘭）劃歸瑞典，東拉脫維亞（拉脫加爾）留在波蘭的統治之下。如此一來，波羅的海東岸的重要港口——里加、塔林和納爾瓦 (Narva)，一一落入瑞典人的手中。

瑞典之所以勝利，部分原因是彼時波蘭—立陶宛的主力軍集中在南方，擊潰土耳其的進犯。1635 年戰事再起，以簽訂為時二十六年的和平條約告終，瑞典被迫離開波蘭的濱海地區和普魯士公國，喪失在這些地方徵稅的權利。

1609 年俄國和瑞典締約結盟，招致波蘭國王的不滿。趁著羅斯的紛亂，西吉斯姆德三世·瓦扎向俄國宣戰。共和國的軍隊拿下莫斯科，在長期的圍攻之後，奪得斯摩稜斯克。此時在俄國爆發人民解放戰爭，波蘭軍隊只好撤退。1619 年雙方訂立為時十四年六個月的和平條約，結束與俄國的戰爭。

1632 年西吉斯姆德三世·瓦扎逝世，同年其子弗拉基斯拉夫·瓦扎（Wladislaw Waza，1632～1648 年）被選為波蘭國王暨立陶宛大公。他成功地與各個政治團體的首腦維繫著良好的關係，忠誠地對待新教徒，且較其父更厚待東正教。弗拉基斯拉夫·瓦扎天賦將領之才，訂立長遠可行的外交計畫，然而波蘭—立陶宛共和國的政治體制箝制其創新的作風，貴族們不容許他發動與土耳其的戰爭。

弗拉基斯拉夫・瓦扎死後，由其兄弟揚・卡齊米日・瓦扎
（Jan Zygmunt Waza，1648～1668 年）繼位。卡齊米日選擇神甫
之路──加入耶穌會，準備成為樞機主教。他的執政時期正值激
烈的動盪、戰爭和危機時刻，他具有將領之才，雖得以損失不大
的與鄰國結束戰爭，卻無法實現自己的內政計畫。

第三節 共和國的沒落

1648 年烏克蘭哥薩克和農民在契米爾尼斯基 (Bogdan
Chimielnicki) 的率領下揭竿起義，企圖將起義擴大到立陶宛大公
國的斯拉夫人地區 （白羅斯）。次年立陶宛軍隊擊敗入侵的哥薩
克，並在 1651 年拿下基輔。

1654 年烏克蘭重新併入俄國後，波蘭－立陶宛和俄國戰火再
開（1654～1667 年），1654～1655 年俄軍衝破立陶宛人的防線，
占領公國的大部分土地。1655 年俄軍奪得維爾紐斯，立陶宛的首
都有史以來首度落入敵人手中。該年俄沙皇阿列克謝伊・米哈伊
洛維奇 (Alexis Michaelovich) 自封為立陶宛大公，占領長達六年
之久。與此同時，波蘭－立陶宛和瑞典的戰事方興未艾。1655 年
瑞軍進攻波蘭和立陶宛，占領華沙和克拉科夫。卡齊米日・瓦扎
國王逃到臣屬奧地利的西里西亞。1655 年波蘭－立陶宛共和國絕
大多數的土地落入瑞典和俄國手中。

1667 年波蘭－立陶宛與俄國簽署長達十三年六個月的和約，
結束戰爭。俄國得回在世紀初喪失的土地和聶伯河左岸的烏克蘭

土地以及基輔。1678 年續約，兩國的和平再延長十三年六個月。永久的和約雖在 1686 年訂立，卻僅在 1710 年方生效施行。

　　烏克蘭哥薩克的起義，與瑞典及俄國戰爭的連遭敗績，使波蘭－立陶宛共和國自此由盛而衰，此一時期史稱「洪禍時期」。

　　1655 年 10 月，一千一百三十四名立陶宛大地主和貴族在凱代尼艾 (Kedajniaj) 與瑞典代表簽訂條約，波蘭－立陶宛聯合破裂，類似的聯合在立陶宛大公國和瑞典間形成，瑞典國王卡爾十世・古斯塔夫 (Karl X Gustav) 成為立陶宛大公。雖然根據新的聯合，立陶宛臣屬瑞典，然而立陶宛仍舊保有國家的地位，並確認貴族的階級和宗教的特權。凱代尼艾聯合反映出波蘭－立陶宛聯合的脆弱關係，以及立陶宛貴族不惜代價保全立陶宛大公國的努力。

　　立陶宛軍隊和多數貴族反對《凱代尼艾條約》，繼續和瑞典的戰爭。戰事在 1656 年 1 月國王卡齊米日・瓦扎返回波蘭之後尤其激烈。瑞典軍隊在占領地區的行徑，導致 1656 年爆發反瑞典的起義。瑞典軍隊只得退出立陶宛，立陶宛和瑞典的聯合失去效力。

　　共和國的權勢每下愈況，一年不如一年。貴族擁有生殺大權，可以選舉和罷免國王。國王經常是外人入主，對國家的事務少有關心。波蘭小貴族得到自由否決權 (liberum veto)，當西姆討論重要國家事務時，只要一票「反對」(veto)，足可全盤否決議案。大地主開始逃避基本的義務——兵役，政府因而贍養傭兵，但國庫空虛，無法支付龐大的軍需，日益困難。

　　西吉斯姆德三世・瓦扎把共和國帶到無止境的戰場，與瑞典

（二十九年）和俄國（十三年）的戰爭，使農村變成荒地，城市化為廢墟，國土遭到踐踏，成千上萬的立陶宛人民死於飢餓和疾病，陳屍道旁。

十七世紀中期戰火頻仍、瘟疫肆虐，加上人民外移俄國，立陶宛損失約 40% 的人口，國土殘破，波蘭一立陶宛不再雄踞東歐，喪失領導地位。1668 年卡齊米日放棄王位，次年移民法國，成為世俗的天主教神甫，1672 年客死異鄉，是瓦扎王朝的末代皇帝。

第六章 | *Chapter 6*

三次瓜分

第一節 北方戰爭

　　1697 年 6 月 27 日，薩克森選帝侯腓特烈‧奧古斯特被選為波蘭國王暨立陶宛大公（奧古斯特二世，1697～1706 年，1710～1733 年），對此各方反應針鋒相對。身為日耳曼古王朝的代表，奧古斯特二世不能公平無私地權衡自己國家和波蘭－立陶宛的機會，無法妥善運用和薩克森聯合的優勢，以致國內貴族弄權，多數徒具虛名的計畫束諸高閣，而一連串的失利，更加劇國家的危機。

　　新皇立定目標，得回波蘭－立陶宛在戰爭中喪失的土地。1699 年成立反瑞典的北方聯盟，俄國、丹麥、波蘭－立陶宛和薩克森聯手準備對抗瑞典。奧古斯特二世希望借助彼得一世之力，再度將利沃蘭併入波蘭－立陶宛的版圖之中。波蘭－立陶宛西姆不願捲入戰爭糾紛，不同意波蘭軍隊參戰，奧古斯特二世只得調用薩克森軍隊，積極備戰。

　　1700 年奧古斯特二世率領薩克森部隊進攻彼時處在瑞典政權之下的里加，點燃北方戰爭（1700～1721 年）之火。1702 年瑞典占領維爾紐斯。在立陶宛國內兩大陣營壁壘分明，一派支持奧古斯特二世和俄國組織聯盟，另一派則站在瑞典的一方。1704 年支持瑞典者在波蘭廢黜奧古斯特二世，並在華沙西姆上擁立利什恩斯基 (Stanislav Leszczynski) 為波蘭國王。同年俄國與波蘭－立陶宛（奧古斯特二世的擁護者）締約結盟，波蘭－立陶宛依約正式加入與瑞典的戰爭，此後四年在波蘭－立陶宛土地上戰事連連，輸贏交替。立陶宛大公國的各州和諸城轉手敵我之間，敵對的貴族積極參與戰事。1706 年奧古斯特二世被迫放棄波蘭－立陶宛王位。1709 年的波爾塔瓦 (Poltava) 一役，俄軍痛殲瑞典部隊，預示戰爭的結束。俄國成為地區上最強盛的國家之一，與奧地利和普魯士在十八世紀鼎足而立，影響該地彼此間的政治關係。1710 年，奧古斯特二世在俄軍的支持下重新登上波蘭－立陶宛王座，利什恩斯基逃亡國外。

　　處心積慮鞏固王權的奧古斯特二世於 1713 年再次將薩克森軍隊引入波蘭－立陶宛，此舉招來敵對貴族的不滿。國內的動盪紛亂給予俄國可趁之機，彼得一世充當和事佬，在貴族和國王之間調停解紛，俄軍名正言順地開進波蘭－立陶宛，干預波蘭－立陶宛共和國的內政。從此以後，在俄帝國政治利益的魔掌之下，波蘭－立陶宛奄奄一息。此外，貴族貪權奪利的致命影響，以及內部的政治鬥爭，消磨國家元氣。當時的波蘭－立陶宛之於鄰國，有如魚肉刀俎，任人宰割。

　　1733 年奧古斯特二世死後，開始政權之爭。大多數貴族擁立利什恩斯基，奧地利和普魯士則支持奧古斯特三世，薩克森軍隊再度進駐波蘭－立陶宛，與俄軍聯合共同殲滅波蘭和立陶宛境內支持利什恩斯基的力量。在歐洲，兩大陣營各擁其主，展開所謂的波蘭王位爭奪戰（法國和西班牙支持利什恩斯基，1725 年利什恩斯基將女兒瑪利亞許配給法王路易十五；奧地利、俄國和薩克森擁護奧古斯特三世），戰爭以法國潰敗結束，利什恩斯基被迫放棄王位。

　　奧古斯特三世持續乃父政策，竭力維持波蘭－立陶宛和薩克森的密切關係，藉此保障他在薩克森和波蘭－立陶宛的政權延續不絕，外政則仰仗俄國。雖然如此，卻無相應的成就。奧古斯特三世執政時期，統治者在國內的地位下滑，大地主的寡頭政權日盛，由於政治團體的長期對立，以及「自由否決權」的濫用，立法機構亦形同虛設。

　　正如其他西歐國家一般，十八世紀中葉在波蘭－立陶宛亦掀起啟蒙風潮。在歐洲，啟蒙運動的共同趨向在限制中央集權、監督政權和對社會大眾負責。然而波蘭－立陶宛共和國的啟蒙運動者竭思加強中央集權，以此確保國家的主權。十八世紀下半葉，啟蒙運動者在波蘭－立陶宛的立場尤其堅定，然而大多數的中、低層貴族對新事物仍舊處之漠然。

第二節　第一次瓜分波蘭－立陶宛共和國

　　奧古斯特三世逝世後，部分貴族意圖發動政變，1764 年在俄國間接的干預下，波尼托夫斯基 (Stanislaw A. Poniatowski) 登基波蘭王位。此人才華絕倫，文化修養博深，曾多次旅行法國、英國，熟悉啟蒙時代的歐洲文化，與凱薩琳公爵夫人（未來的凱薩琳二世）過從甚密，關係良好。成為統治者的波尼托夫斯基開始改革之路，呼籲鞏固國家體制，極力引導混亂無序的波蘭－立陶宛走向歐洲。他致力文化變革，曾是文藝贊助人；產業方面則支持建立工場手工業。1764～1766 年波尼托夫斯基所支持的查爾達里斯基 (Chartorjsky) 政治團體著手國家行政的改革。

　　利用波蘭－立陶宛的積弱不振，實現自己政治利益的俄國和普魯士，對於波蘭－立陶宛的勵精圖治大表不快，於是 1764 年在彼得堡兩國締約，共同阻止波蘭－立陶宛內部體制的變革。

　　1766 年俄國提出賦予波蘭東正教貴族和新教徒（所謂的脫離國教者）與天主教徒政治權利相等的要求，遭到查爾達里斯基者的駁回，導致俄國、波尼托夫斯基以及寡頭政治間的衝突。次年，俄國女皇凱薩琳二世藉口捍衛脫離國教者的權利，轉而支持不滿查爾達里斯基改革的部分貴族，後者結合成拉多姆 (Radom) 聯盟；該年，在俄軍環伺下，拉多姆聯盟在華沙西姆展開工作，恢復舊有的秩序。1768 年波蘭－立陶宛賦予脫離國教者政治權利，凱薩琳二世承諾擔保波蘭－立陶宛內政體系永續不墜，其實則是

對波蘭－立陶宛主權合法的限制，波蘭－立陶宛從此淪為俄國的附庸。1768 年，部分人士在波多利斯克 (Podolsk) 的城市巴爾 (Bar) 成立另一聯盟，旨在對抗拉多姆聯盟，及俄國對波蘭－立陶宛的影響。該年 7 月，聯盟在立陶宛大公國展開行動，1768～1772 年巴爾聯盟的勢力遍佈全國，然而期待來自法國、土耳其和奧地利的援助卻未到來，俄軍不費吹灰之力即將聯盟殲滅。

　　1769 年，為阻止俄國利用波蘭－立陶宛擴大自己的勢力，普魯士和奧地利展開瓜分波蘭－立陶宛的對話。1772 年 8 月 5 日，藉口恢復秩序和解決波蘭內戰，俄國、普魯士和奧地利三國的軍隊開進波蘭－立陶宛，共同瓜分波蘭－立陶宛。九萬二千平方公里的波蘭－立陶宛土地劃歸俄國（波洛茨克、維捷布斯克、姆斯季斯拉夫利〔Mstislavl〕諸省，明斯克〔Minsk〕省的東部，拉脫加爾）；包括波莫瑞 (Pomorjia)、西普魯士和瓦爾米亞 (Varmiia) 的三萬六千平方公里的土地併入普魯士；奧地利得到小波蘭和利沃夫 (Lwow) 等八萬一千九百平方公里的土地，共和國損失約 35% 的人口和 30% 左右的土地，1773 年波蘭－立陶宛西姆批准瓜分。

第三節　四年西姆

　　1780 年代末期，法國革命和巴爾幹半島戰爭引開歐洲國家的注意力，給予波蘭－立陶宛有利的條件從事更重大的社會和經濟改革，鞏固國家的獨立自主。

　　1788 年波蘭－立陶宛西姆在華沙開始運作，史稱「四年西

姆」(1788～1792年)。1791年5月3日西姆通過新憲法,制訂符合十八世紀歐洲思想的國家體制,以君主立憲國家取代君主遴選的貴族共和國。《五三憲法》改變國家的政治結構:最高權力歸屬西姆,廢除自由否決權的權力,國王和內閣負責執行,國王由選舉產生,然而王權仍舊屬於家族世襲的王朝。

　　《五三憲法》中所擬定的單一制國家模式無法滿足立陶宛大公國的代表,後者致力擺脫波蘭,保持立陶宛的獨立自主。西姆議員——改革的擁護者,深知鞏固國家的必要性,及其生存所面臨的威脅,全力支持憲法。同時,借助擁護憲法的行動,致力制訂法律,確立立陶宛大公國在聯邦體制中擁有與波蘭相等權力的國家地位。10月20日西姆通過立法,在中央權力機構中,立陶宛大公國和波蘭的人數均等,波蘭承認立陶宛大公國為二元共和國中與波蘭權力相等的一員。

　　四年西姆的改革和所制訂的憲法不能滿足部分大地主和貴族,後者認為舊式的統治方式最具價值,因此挺身反對消滅其等級特權的任何改革。同時,波蘭—立陶宛的改革努力,和俄國的利益更是格格不入。1792年5～6月俄國軍隊輕而易舉地便占領共和國的全部土地。該年6月,立陶宛大公國大聯盟在維爾紐斯成立,企圖恢復貴族階級舊有的特權。7月波尼托夫斯基加入大聯盟。至此,擁護改革人士的辛苦成果——《五三憲法》付諸流水。1793年通過憲法,宣佈恢復舊有的國家體制。

第四節　第二、三次瓜分

1793 年 1 月 23 日俄國和普魯
士在彼得堡簽署第二次瓜分波蘭—
立陶宛的協定，右岸的烏克蘭土地
和白俄羅斯納入俄國，包括基輔、
布拉斯拉夫 (Braslav)、波多利斯克、
明斯克等省，維爾紐斯省的東部，
布列斯特 (Brest) 和沃倫的東部；普

圖 16：1794 年起義的民兵領
袖科斯秋什科

魯士則占有波蘭的西部土地，波蘭—立陶宛損失約二十五萬平方
公里的土地——幾乎是全部國土的一半。6 月共和國西姆被迫批
准瓜分。

瓜分的恥辱，激起愛國的情緒。在起義領袖科斯秋什科
(Thaddeus Kosciuszko) 的號召下，各地抗敵火焰熾烈。1794 年 3
月克拉科夫展開起義，目的在抗議大聯盟和第二次瓜分，要求自
由、獨立和完整的國家。4 月 16 日起義浪潮在立陶宛澎湃，呼籲
為獨立、自由、平等和建立自己的國家而戰。4 月 23～24 日立陶
宛的起義者占領維爾紐斯，成立起義政府——立陶宛最高民族委
員會。8 月，俄軍鎮壓起義，占領維爾紐斯，9～10 月占領立陶宛
全部土地，普魯士則控有外涅曼。11 月華沙投降，平靖起義。

1795 年 10 月 24 日俄國、奧地利和普魯士在彼得堡簽署條
約，第三次瓜分波蘭—立陶宛，涅曼河以東的立陶宛西部土地、

沃倫和庫爾蘭併入俄國，普魯士獲得外涅曼和包括華沙的部分波
蘭土地，剩餘的波蘭土地由奧地利兼併。第三次瓜分將波蘭－立
陶宛從歐洲列國中除名，立陶宛併入俄帝國的版圖。1797年1
月，俄國、普魯士和奧地利在彼得堡簽署法令，徹底廢止波蘭－
立陶宛共和國，立陶宛和波蘭暫時在歐洲地圖上消失。

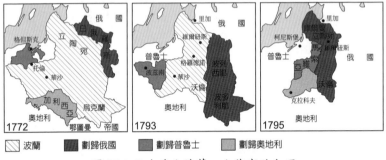

圖 17：三次瓜分波蘭－立陶宛共和國

第七章 | *Chapter 7*

俄國時代

第一節　自由風潮暨農奴制度的廢除

　　1812 年 6 月 24 日，拿破崙與俄國展開戰爭，其軍隊強行渡過涅曼河，幾天後即占領立陶宛的全部土地。在此拿破崙受到備極尊榮的歡迎，立陶宛貴族希望在拿破崙的幫助下，奪回獨立，然而拿破崙並不熱中解決此類問題。翌年 1 月 6 日，沙皇亞歷山大一世在維爾紐斯發表文告，宣佈結束與拿破崙的戰爭，此時俄軍已奪回所有的立陶宛土地。1815 年據維也納會議之決議，成立波蘭王國，部分立陶宛土地──外涅曼，亦歸屬其中。波蘭王國受俄帝國控制，其憲法即是俄沙皇所「餽贈」。

　　1817 年維爾紐斯大學生成立祕密組織「愛知社」，目的在喚起年輕人的愛國情操，以及對抗沙皇的獨裁專制。鼓勵在維爾紐斯、克拉日伊 (Kradziaj)、凱代尼艾、考納斯和立陶宛的其他城市成立祕密的青年組織，提升道德境界，吸收啟蒙思想，反抗俄國

的專政。1822 年沙皇亞歷山大一世下令禁止維爾紐斯學生組織的
活動，其成員遭到迫害和流放。1832 年 5 月 15 日，沙皇尼古拉
一世簽署命令，關閉維爾紐斯大學。

　　1830 年的法國革命推翻波旁王朝，帶動全歐的自由風潮。在
波蘭，革命思想激勵解放運動，促進各地的起義。立陶宛的起義，
是對 1820 年代初沙皇政權的回應，號召脫離俄帝國，與波蘭王國
聯合為一。然而在起義者之間，關於未來國家的政治體制並無一
致的意見，部分人士提出立陶宛獨立自主的構想。立陶宛的起義
在 1831 年 3 月 25 日爆發，當俄國軍隊集中全力鎮壓波蘭的暴亂
之時，立陶宛的全部土地落入起義者之手。6 月起義民兵和俄軍
發生激戰，起義者潰敗，嗣後幾次短兵相接，迫使起義者化整為
零，改採游擊戰，繼續抗爭，直到來年春天方止。在平靖起義之
後，沙皇政府加強政治反動：向居民索取軍稅，加強書刊檢查，
廢除波蘭王國的軍隊，波蘭王國喪失自治，成為俄帝國的一個省。
1831 年秋，在前波蘭－立陶宛土地上開始實行由沙皇制訂的「剷
除波蘭之根」政策，目的在使立陶宛非波蘭化，進而強制推行俄
國化，波蘭－立陶宛土地因此有「俄帝國的西陲」之稱。

　　1850 年代中期，俄國的政治和社會經濟情勢複雜。克里米亞
戰爭（1853～1856 年）的失敗，證明政府各項發展的嚴重危機，
迫使權力當局嚴肅思考改革的問題。新皇亞歷山大二世（1855～
1881 年）企圖說服貴族，寧可由上而下廢除農奴制度，否則農奴
制度便會由下而上遭到推翻，農民浪潮將會摧毀既有的制度。

　　1861 年，俄沙皇亞歷山大二世簽署廢除農奴制度的法律，農

奴獲得個人自由，在取得貴族的同意後可贖買土地。1864 年沙皇下詔在波蘭王國著手農民改革，農民成為自己土地的所有人。

與此同時，亞歷山大二世批准「復興俄國根源綱領」，在西北地區強制推行俄國化。綱領的論點是，包括立陶宛民族土地在內的西部地區「自古即為俄國的土地」。以此綱領為基礎，強行使立陶宛俄國化的政策在整個十九世紀持續不斷。然而反抗強行俄國化之風潮帶動社會的波蘭化，因為在俄國的統治下，波蘭文化與保存立陶宛民族文化及政治自主是一體的兩面，等量齊觀。

第二節　1863 年起義

1863 年的起義導因於 1860 年代初期全俄國尖銳的政治、經濟和社會衝突，西部的省份情況尤其嚴重。除了上述原因外，日益蓬勃的解放運動對整個事件的發展更具有重大的意義。起義的社會基礎，是最廣大的群眾──農民、市民、貴族、神甫。在立陶宛，最積極運作的正是貴族階級，貴族領導起義，占全部起義人數的大半，然而農民和貴族間卻缺乏信任，各自行動。

早在 1861 年夏天，民族解放運動就已分道揚鑣，各奔前程。重建波蘭－立陶宛國家，是自由派貴族的主要訴求，而將解決社會問題放在次要的地位。激進派的追隨者堅持解決農民問題是當務之急，至於重建國家的任務，則交給立陶宛、白俄羅斯和烏克蘭人民自行決定。激昂的愛國情緒，連結各界起義的熱忱，卻對各民族的疆界少有注意，只有激進派領袖之一的馬茨卡維州斯

(A. Mackjavicius) 堅持立陶宛民族擁有重建主權國家的權力 。 激進派在立陶宛成立「紅黨」行動委員會，為反抗俄國專政的起義行動作準備，爭取民族的獨立、自由和平等。保守的立陶宛貴族在「白黨」的陣營之中聯合，主旨在強迫俄國當局擴大貴族的自主權力，恢復維爾紐斯大學，開闢民族學校和圖書館，以母語出版和傳播文學，逐步改變地主和農民的相互關係。

立陶宛的黨團各自設想立陶宛的政治遠景，白黨認為立陶宛是波蘭的一省，以馬茨卡維州斯為首的團體視立陶宛為聯邦政府中權力相等的一員，第三者則支持獨立自主的立陶宛國家。

當波蘭準備新一波抗俄起義的消息傳到立陶宛之時，農民和貴族群情激動，擺脫俄帝桎梏，重建立陶宛國家的時刻已經來臨。

波蘭起義在 1863 年爆發，不久即席捲白俄羅斯和立陶宛。起義者要求不需任何贖買還給農民自己的土地，解除農民對地主的各種義務，給予立陶宛人民與各民族相同的權利，其中最重要的是建立自己國家的權利。

俄國派遣大軍鎮壓起義，雙方力量有著天壤之別，手持鐮刀和草叉的農民和貴族無法長時間抵抗人數眾多、配備精良和訓練有素的正規軍。1863 年 5 月 7～9 日，雙方在比爾扎伊 (Birdziaj) 會戰，起義戰敗，不得不放棄大規模的軍事行動，侷限於游擊偷襲。該年秋天，起義的事業已將近尾聲。

起義遭到鎮壓，對立陶宛（和波蘭）社會—政治力量的貴族階級而言可謂是重大打擊，在政治和社會現代化的過程中，立陶宛的知識分子得以開展和農民的社會關係，結合力量，貴族階級

因而喪失社會中的龍頭地位。

　　各界對 1863 年起義的評價和意義相互矛盾,隨著農奴制度的廢除和農民地位的改善,開始加強公開的俄國化政策。在立陶宛,俄國化的施行早於波羅的海其他地區,主要涉及教育層面和天主教會,禁止傳統拉丁字母的使用,對所有的民族運動進行鎮壓,限制天主教會的權利。1863 年起義之後,關閉若干著名的中學,取而代之的是以俄語教學的學校。關於天主教會方面,專制者企圖達到兩個目的:使所有立陶宛人改信東正教,使天主教會臣服於東正教之下。

第三節　民族解放運動

　　在農奴制度廢除之後,富裕的農民得以將自己的子弟送進學校學習,從此以後,在立陶宛出現來自農民社會的文化人,而非出自波蘭化的貴族階級,他們知道自己的母語──立陶宛語,了解代代相傳的風俗習慣。正是這些立陶宛人在日後成為立陶宛民族解放運動的基幹,在十九世紀末葉為獨立自由轟轟烈烈的戰鬥。

　　1864～1904 年間禁止出版立陶宛文的報紙和書刊,立陶宛啟蒙運動者巴山納維州斯 (J. Basanavicius) 及其同道者於是在 1883 年於東普魯士出版立陶宛報紙《晨曦》。透過祕密管道,《晨曦》報在立陶宛流行傳播,引發人們深思,喚起立陶宛人珍視自己的語言和文化。 1886 年由於資金欠缺,《晨曦》 停止發行。 1889 年, 知名的立陶宛民族解放運動者庫吉爾卡 (V. Kudirka) 也開始

圖 18：立陶宛的啟蒙運動者
巴山納維州斯

圖 19：立陶宛國歌「民族之
歌」的作者庫吉爾卡

在東普魯士發行雜誌《鐘聲》（直到 1905 年），成為立陶宛民族解放運動的主要出版機構。雜誌中刊登關於立陶宛其民族、歷史和經濟發展遠景的文章，抨擊俄國化和波蘭化的政策，呼籲為民主而戰，對立陶宛的民族自覺，以及民族運動的文化和政治綱領的形成起著重要的影響。

庫吉爾卡終其一生執筆不輟，在文學作品中，譏諷沙皇俄國官僚們的酗酒、受賄、貪婪和對立陶宛刊物的迫害。庫吉爾卡同時也從事音樂創作，出版立陶宛民謠，他的作品「民族之歌」後來成為立陶宛的國歌。

1905 年 12 月 4～5 日，立陶宛代表大會（後稱為大維爾紐斯代表大會）在維爾紐斯召開，決議要求賦予立陶宛在其民族疆域

內的政治自主，及在維爾紐斯設立民選議會。代表大會為立陶宛民族革命推波助瀾，對抗俄國的專制政權，支持政治和社會改革。1905～1906 年間，立陶宛民族革命為全立陶宛民族有志一同的大行動，旨在以立陶宛民族和民主社會為根基，重建立陶宛的國家體制。立陶宛代表大會成為繼 1863 年起義之後的重大事件，造就進步的立陶宛民族，確定其民族政治的方針。

立陶宛──獨立國家

第一節　國家體制的發展

　　1914 年 8 月 1 日開始第一次世界大戰（1914～1918 年），立陶宛地近前線。翌年，在春、夏、秋三季的持續進攻下，德軍占領立陶宛。1917 年俄國國內爆發二月民主革命，沙皇尼古拉二世讓位給自家兄弟米哈伊爾，後者隨即遜位引退，其立陶宛大公的頭銜亦隨之喪失（俄國沙皇自 1655 年 8 月 14 日占領立陶宛大公國首都維爾紐斯之日起，即以此官銜自封）。

　　在第一次世界大戰進行的過程中，俄帝國和德意志帝國勢衰力竭，立陶宛的愛國志士決定利用此一時機，脫離俄國，重建屬於自己的國家。自 1915 年起，德軍占領立陶宛，實行嚴屬的制度，壓迫立陶宛民族。俄國的二月革命對立陶宛的局勢起著巨大的影響，德國憂懼俄國的臨時政府賦予立陶宛廣大的自治權力，因此改變作風，企圖透過親德分子在立陶宛成立「信任委員會」，

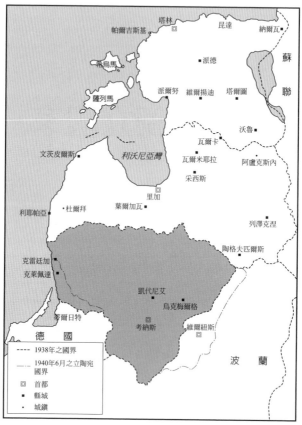

圖 20：第一、二次世界大戰期間獨立的立陶宛

給予有限的權能。

　　經過極大的努力，立陶宛的愛國人士終於得到德國當局的首
肯，於 1917 年 9 月 18～22 日在維爾紐斯召開全立陶宛代表會
議，決議在民族疆域內和民主原則下，追求立陶宛的全面獨立，
以及召開立憲會議，研擬憲法。代表會議選舉以斯苗東納 (A.
Smetona) 為首、由二十人組成的立陶宛塔里巴（Taryba，委員

會），領導建立獨立國家。在代表會議的第二項決議中，闡述立陶宛與德國的同盟關係。塔里巴成為以恢復立陶宛國家政體為活動宗旨的唯一組織。12 月 11 日，立陶宛塔里巴通過法令，宣佈重建立陶宛國家，其中所指的並非獨立的立陶宛，而是受德國以同盟關係羈絆的自主國家，同盟的束縛以軍事協定、交通協定、共同海關和貨幣加以鞏固，牢不可破。

1918 年 2 月 16 日，立陶宛塔里巴在歷史之都維爾紐斯一致通過恢復立陶宛獨立的決議 （1920 年 5 月 15 日立憲會議作成決議，確認立陶宛恢復獨立）。7 月 11 日，立陶宛塔里巴更名為立陶宛國家塔里巴。7 月 13 日，塔里巴為阻止德國將立陶宛國土併入普魯士或薩克森，宣佈立陶宛為君主立憲國家，並邀請維爾騰堡 (Viurtenberg) 公爵威廉‧封‧烏拉赫 (Wilhelm von Urach) 登基立陶宛王位，是為明達烏戈斯二世。10 月 20 日，德國當局宣佈無條件承認立陶宛的獨立，並計畫將管理國家的權力交還給立陶宛人民，塔里巴於是取消邀請威廉‧封‧烏拉赫之議，採行臨時憲法──《立陶宛第一基本法》，11 月 11 日以臨時憲法為基礎，確立立陶宛第一臨時政府，瓦爾傑馬拉斯 (A. Voldemaras) 擔任總理。1918 年 11 月 23 日，鑑於德國占領當局的式微和蘇俄侵略野心的擴大，總理瓦爾傑馬拉斯下令成立立陶宛軍隊第一軍團，開始建立立陶宛自己的軍隊。11 月 30 日，小立陶宛❶民族委員

---

❶ 十六世紀中葉納德魯夫和斯卡爾夫人的居住地，以及涅曼河右岸的部分普魯士稱為小立陶宛。

會通過法令，表達多數普魯士（小立陶宛）居民堅決追求與立陶宛合併的決心。

第二節　獨立的獲得和斯苗東納的獨裁

1919 年塔里巴選舉斯苗東納為立陶宛第一任總統，1922 年通過立陶宛憲法，斯圖利金斯基 (A. Stulginski) 當選總統。同年，開始發行立陶宛的貨幣——立陶 (lit)，著手土地改革，將以前屬於地主的土地分給自願軍、無土地或少土地的農民。

自 1918 年初到 1919 年 8 月 25 日，迫於時局，立陶宛不得不和部分紅軍及立陶宛的布爾什維克黨人作戰。1918 年 12 月，在非法的情況下，卡普蘇卡斯 (V. Mickevicius-Kapsukas) 的共黨政權——立陶宛臨時革命政府在維爾紐斯成立。12 月 16 日，親俄的共產黨員、猶太崩得 (Bund) 分子❷、左派社會一民主黨人在維爾紐斯組織示威遊行和群眾大會，旨在支持紅軍和卡普蘇卡斯的共黨政權。12 月 22 日，由列寧領導的俄國共黨政府，承認卡普蘇卡斯的政權，以及受俄國控制的立陶宛蘇維埃政體。

1919 年 1 月 16 日，莫斯科決定撤銷白俄羅斯蘇維埃共和國，將它的大部分土地併入俄國，明斯克和格羅德諾省與立陶宛聯合，稱為立陶宛一白俄羅斯蘇維埃共和國，是蘇俄版圖內擁有有限自

---

❷ 崩得——立陶宛、波蘭、俄國猶太工人總同盟的簡稱，主張民族文化自治，在一切問題上支持孟什維克的立場。

主權的地方行政單位，不力圖自己國家的獨立。

早在 1919 年 9 月，蘇俄便倡議和波羅的海諸國展開和平談判，然而協約國的代表畏懼共黨的勢力，要求繼續對布爾什維克的戰爭。當推翻布爾什維克的軍事行動瓦解之際，形勢改觀，於是在 11 月展現新機，蘇俄和波海三國開始進行和平談判。

1920 年 5 月 15 日，在考納斯的國家劇院召開第一屆立憲議會，立法確認立陶宛共和國的主權，和建都維爾紐斯。7 月 12 日，立陶宛和蘇俄在莫斯科締約，俄國無條件承認立陶宛的獨立自主，並永久放棄對立陶宛民族及其領土的一切權利要求。

立陶宛與蘇俄締結和約，並不意味著境內戰爭的結束，新的危險來自波蘭，意圖恢復波蘭－立陶宛共和國。1919 年 4 月到 1920 年 12 月，立陶宛繼續和波蘭的戰爭。波軍早在 1919 年 4 月與紅軍的戰鬥中拿下維爾紐斯，開始立陶宛和波蘭間的軍事衝突。1920 年 7 月 14 日紅軍奪回維爾紐斯，轉給立陶宛。10 月 7 日，立陶宛和波蘭之全權代表團在蘇瓦爾基斯 (Suwalkis) 簽訂和約（10 月 10 日生效），劃定兩國國界，維爾紐斯劃歸立陶宛。然而就在兩天後，在波蘭政府的許可下，瑞利可夫斯基 (L. Zeligowski) 將軍假藉平靖波蘭軍隊和維爾紐斯地區居民「暴亂」之名，迅雷不及掩耳地拿下維爾紐斯，立陶宛首都和東立陶宛落入波蘭政權，直到 1939 年 9 月為止。立陶宛不承認維爾紐斯地區的淪陷，斷絕與波蘭的外交關係（直到 1938 年）。立陶宛遷都古城考納斯。

政治經驗的欠缺、民主制度的不成熟、經常不斷的政府危機，

以及各黨派間的衝突，引起波羅的海各國人民對現存政府的不滿。部分政治人士要求改變基本法，集中所有權力於一強人手中。在這種情緒的醞釀下，類似義大利法西斯或德國納粹的獨裁政權於是在波海三國形成。

　　立陶宛第一個感受到政變的威脅。1926 年 12 月 17 日，在塔烏欽尼克者 (Tautininks) 和基督教民主黨人的策劃下，軍隊發動政變，扼殺立陶宛民主政治的發展，開始斯苗東納總統的專權政

圖 21：立陶宛共和國第一任總統斯苗東納

體。次年 4 月，斯苗東納假藉憲法之名，解散第三屆議會，第四屆議會的選舉則在九年之後舉行。9 月 9 日，社會－民主黨人和廖烏金尼克者 (Liaudininks) 組織流產叛亂，反對斯苗東納和瓦爾傑馬拉斯，在許多地方引起騷動。嗣後在 1928 年 5 月，斯苗東納經內閣同意，宣佈新的立陶宛憲法，取代 1922 年 8 月 1 日立憲會議通過的憲法。在新憲法的作用下，斯苗東納多次連任，直到蘇聯占領。

第九章 | *Chapter 9*

蘇聯時期

第一節　蘇聯兼併立陶宛

　　1939 年 8 月 23 日蘇聯和德國在莫斯科簽訂《德蘇互不侵犯條約》(《莫洛托夫─里賓特洛普條約》) 和《祕密議定書》，分配兩國在東歐和波羅的海國家的勢力範圍，立陶宛處在德國的勢力範圍之下❶。9 月 17 日，蘇軍事先徵得德國的同意，於第二次世界大戰之始，揮軍指向西烏克蘭和西白俄羅斯及維爾紐斯地區。9 月 28 日，波蘭政府垮臺，侵略者──蘇聯和德國簽署了《德蘇友好暨邊界條約》，同時還簽下補充的《祕密議定書》，據此立陶

---

❶　根據 1939 年 8 月 23 日德蘇外長簽訂的《德蘇互不侵犯條約》及補充條約的《祕密議定書》，波蘭由德蘇共同瓜分，芬蘭、愛沙尼亞、拉脫維亞和比薩拉比亞 (Bessarabia) 落入蘇聯的勢力範圍，而立陶宛則在德國的控制之下。隨後據 9 月 28 日的補充條約，立陶宛也落入蘇聯的勢力範圍之中。

圖 22：1939 年 9 月 28 日《德蘇簽署友好暨邊界條約》

宛轉而淪為蘇聯的附庸。10 月 10 日在蘇維埃政府的壓力下，立陶宛和蘇聯在莫斯科簽署互助條約，依約維爾紐斯地區重歸立陶宛，作為交換，蘇維埃得以在立陶宛部署軍事基地。

　　1940 年 6 月 14 日蘇聯藉口基地士兵遭竊失蹤，向立陶宛下最後通牒，要求重組政府，增加蘇軍員額，及追究高級官員的法律責任。立陶宛政府服從要求。第二日，三十萬紅軍越過邊境，未經抵抗便拿下立陶宛的重要中心、戰略要地，並占領國土，總統斯苗東納被迫藏身德國。

　　1940 年 7 月 14～15 日，依照蘇維埃選舉的模式，主導所謂的國會——人民議會的選舉。當晚，在共黨的群眾大會上，首次提出將立陶宛併入蘇聯的要求。7 月 21 日，在共產黨員的監督下，人民議會藐視憲法，非法地宣佈立陶宛為蘇維埃共和國的一部分，將土地和重要的經濟項目收歸國有，並請求蘇聯將立陶宛

納入其版圖之中。8 月 3 日，蘇聯將立陶宛併入一統的蘇聯國家，國土占領轉為蘇維埃併吞。

　　蘇聯企圖說服立陶宛人民和全世界，相信蘇聯並非侵奪立陶宛，而是保護立陶宛不被德軍所占領。許多立陶宛人相信謊言，沒有對蘇聯的兼併作任何抵抗。然而就在不久之後，全國便籠罩在恐怖的氣氛之中。直到 1940 年年底，幾乎所有昔日的政治領袖、前軍事和警政官員、財經精英、知識分子，或是被捕、驅逐，或是遭槍決處死。1941 年的拘捕浪潮，遍及各個層級，立陶宛的知識分子、最積極和最博學的人士，一波接著一波地被蘇聯流放到西伯利亞（1941 年 6 月 14 日，一萬八千人遭到流放）。

第二節　德國占領

　　開始於 1941 年 6 月 22 日的德蘇戰爭的第一階段，紅軍倉皇敗退，六天內立陶宛便落入德國的手中。立陶宛被納入奧斯特蘭（Ostland，意為東部地區國家委員會，德國以此稱呼所占領的波羅的海地區），成立德國的納粹政權。德國不認為立陶宛是一個國家，僅視其為德軍糧食的供應者。在德國占領的期間（1941～1944 年），上萬的立陶宛人被驅趕到德國，從事強制勞動，關閉所有的高等學術機構、科學院、博物館，許多知名的立陶宛科學和文化界人士被禁錮在德國的集中營之中，總計在德國占領期間約五萬名立陶宛人遭到殺害。立陶宛人民既反對蘇聯的兼併，也仇恨德國的占領。人民以各種途徑從事抗德行動，農民拒不繳糧，

不履行軍事和勞動義務。社會人士暗中發行立陶宛的報紙和傳單，成立地下組織，對抗占領當局。許多立陶宛人冒著生命的危險，拯救猶太人和其他民族，免遭德軍的殲滅（在立陶宛約二十萬猶太人死於德軍的毒手）。

第三節　蘇聯政權

1944 年的夏、秋季，蘇軍再度占領立陶宛。在戰爭接近尾聲之時，隨著紅軍的逼近，許多立陶宛人，尤其是年輕人，害怕 1940～1941 年蘇聯占領的殘酷歷史重演，逃到歐洲，然後輾轉前往美國和其他國家。

在二次大戰結束之後，波海三國被強行納入蘇聯版圖。蘇聯的兼併行動在 1940 年僅德國和瑞典給予承認，大多數西方國家則認為莫斯科的行徑為武力占領。1941 年 8 月 14 日，美、英簽署《大西洋憲章》，主張喪失獨立的民族擁有自決的權利，在此定義之下，當然包括波海三國的人民在內。然而蘇聯加入《大西洋憲章》，卻要求西方國家承認以 1940 年下半年為國界的蘇聯版圖。在與法西斯戰鬥的共同利益下，西方國家向蘇聯妥協讓步。當戰爭結束時，在勝利的歡呼聲中，西方國家佯裝，似乎波羅的海三小國這渺小的獨立國家從未存在過。1946 年的紐倫堡審判，對《莫洛托夫－里賓特洛普條約》的存在沉默不語，而關於蘇聯兼併波海三國的事實，更是隻字未提。從此鐵幕拉下，直到半個世紀之後，波羅的海小國才得以重見自由的曙光。

　　立陶宛人較之其他民族更積極反抗蘇聯的占領，1944～1954
年在立陶宛進行武裝游擊，對抗蘇聯政權，約二萬五千到四萬人
參加民族游擊戰鬥的行列，襲擊政府機構，破壞交通設施，阻擾
選舉、徵稅和集體農場的設立，甚至與軍隊戰鬥，致使蘇聯損失
約八萬名士兵。在此期間，農民提供游擊戰士糧食，並預示危險。

圖 23：蘇聯時期的立陶宛

對游擊戰士而言，重大的打擊來自 1949 年的驅離農村和集體農場的政策，斷絕游擊戰士食物和裝備的來源。雖然如此，戰鬥行動仍舊持續數年，且更加慘烈悲壯。1953 年史達林逝世後，武裝反抗才徹底結束。

當共黨體制在立陶宛成立後，蘇聯著手實行國有化和建立集體農場。至於在立陶宛實施俄國化的政策，蘇聯則是謹慎小心。共黨一則害怕立陶宛人，二則畏懼與西方國家關係密切的天主教會，加上海外的立陶宛人積極支持自己的民族，因此比起波羅的海其他國家，從蘇聯其他地區移民到立陶宛的人數相對較低，直到蘇聯政權結束，80% 的立陶宛居民為立陶宛人。

史達林之死是蘇聯政治發展的轉折點，政治鬥爭緩和，拘捕減少，驅逐中止，恐怖氣氛逐漸消逝。此一政治自由的過程在 1964 年赫魯雪夫去職時結束，隨著布里茲涅夫的上臺，蘇聯進入停滯階段。1980 年代初期，世界共產制度陷入深刻的危機之中，經濟成長停滯。1960～1985 年期間，盧布 (rouble) 的購買力降低 50%，導致人民生活水準的低落和不滿情緒的高漲。

第十章 | *Chapter 10*

重建立陶宛共和國

第一節　爭取獨立

　　1988 年 6 月 3 日，五百名知識分子宣佈成立「立陶宛人民陣線」，開始為重建獨立而奮鬥。在立陶宛，群眾大會和遊行示威此起彼落，抨擊《莫洛托夫－里賓特洛普條約》，表達支持立陶宛獨立的心聲。風起雲湧的民眾浪潮引起克里姆林宮的注意，1988 年夏天戈巴契夫派遣亞卡夫烈夫 (A. Yakovlev) 來到立陶宛，了解地區的局勢。在考察之後，亞卡夫烈夫建議撤去立陶宛共黨領導的保守分子。然而如此的措施並不能遏止群眾與當局的衝突。9 月 28 日「立陶宛獨立聯盟」組織的群眾大會在維爾紐斯舉行，立陶宛共黨領導調動特種部隊與之對抗。在此事件之後，立陶宛共黨的領導階層遭到革職，由戈巴契夫「重建」政策的支持者取而代之。然而新領導的改革侷限於傳統的作風，認為保持波海三國在蘇聯版圖之中，是解決動亂的唯一可行辦法，因此決定對抗各民

圖 24：《莫洛托夫─里賓特洛普條約》簽署五十週年，
群眾在維爾紐斯遊行抗議。

族的爭取全面獨立。

　　1988 年 10 月 6 日，立陶宛蘇維埃社會主義共和國最高蘇維
埃主席團命令，確立三色旗和庫吉爾卡的「民族之歌」為立陶宛
蘇維埃社會主義共和國的國旗和國歌。次日，在千人的注目之下，
在維爾紐斯的格迪米納斯塔樓上升起三色國旗。 1989 年 5 月
13～14 日，立陶宛、拉脫維亞和愛沙尼亞「人民陣線」全體大會
在塔林召開，成立「波羅的海委員會」，協調共同的政治行動。6
月 23 日，「立陶宛自由聯盟」和「青年立陶宛」在考納斯組織示
威遊行，紀念 1941 年 6 月 23 日的反蘇起義，要求蘇維埃軍隊撤
出立陶宛。

　　1989 年 5 月 18 日，立陶宛蘇維埃社會主義共和國最高蘇維
埃通過關於立陶宛國家主權之宣言及憲法增補案，宣佈共和國的

圖25:「波羅的海之鏈」 1989年8月23日，波羅的海三小國的人民手牽手，心連心，從塔林綿延到維爾紐斯，連結長達六百公里的「波羅的海之鏈」。

法律之於蘇聯司法的優勢地位。1989年8月23日，在史達林和希特勒簽署反波羅的海國家協議《莫洛托夫－里賓特洛普條約》五十週年的紀念日上，「波羅的海之鏈」的團結活動如火如荼地展開，參加者包括立陶宛、拉脫維亞和愛沙尼亞人民共約二百萬人，引起世人對波羅的海民族爭取獨立的共同認知和關注。在「人民陣線」的盛大例會中，聲明立陶宛和蘇聯的關係應以1920年7月12日與俄國簽訂的條約為基礎。

1989年秋季，舉行人民議員代表大會的選舉。在立陶宛，選

前的主要議題是國家的重建。「人民陣線」要求盡速達到獨立,立陶宛共黨則起而抗議,指責 「人民陣線」 為冒險主義者。共有82.5% 的立陶宛人參加選舉,「人民陣線」大獲全勝,在四十二個席位中占有三十六席。

1990 年 2 月 16 日各地隆重慶祝立陶宛獨立日,在考納斯、克雷廷加 (Kriatinga)、普列納 (Prienai)、烏克梅爾格等地的自由紀念碑前熱烈舉行群眾大會。3 月 11 日,立陶宛最高蘇維埃宣佈全面恢復立陶宛的獨立,宣稱自己為合法的國會,執行全民的意願,停止蘇聯以及立陶宛蘇維埃社會主義共和國 (Lithuanian SSR) 的憲法在立陶宛國土上的效力,象徵性的恢復 1938 年 5 月 12 日的立陶宛國家憲法,通過臨時基本法 (憲法)。3 月 17 日普倫斯坎內 (K. Prunskene) 當選立陶宛共和國第一政府總理。

4 月 18 日蘇聯對立陶宛採取經濟封鎖,目的在迫使立陶宛共和國最高委員會拒絕獨立法案。5 月,立陶宛由於經濟惡化,被迫讓步。6 月 29 日最高委員會聲明在與蘇聯談判之際,將宣佈暫停 3 月 11 日的法律,結束經濟封鎖立陶宛。

1991 年 1 月 10 日蘇聯總統戈巴契夫提出最後通牒,要求立陶宛遵守蘇維埃憲法。2 月 10 日,立陶宛舉行全民公決,90% 的投票人支持恢復獨立,展現立陶宛人民追求國家獨立的決心。此時蘇聯領導向波羅的海三小國提議締結聯邦條約,但是為時已晚。蘇聯與其他共和國聯邦條約的簽訂預定在 8 月 20 日舉行 , 然而就在前一天,爆發流產的 「八月叛亂」(見本書第十九章),扯斷蘇聯的最後一絲希望。

1991 年 7 月 29 日，立陶宛和俄羅斯簽署兩國關係條約，俄羅斯聯邦承認立陶宛共和國的國家主權。9 月 6 日蘇聯承認立陶宛獨立，9 月 17 日立陶宛加入聯合國，重回自由國家的大家庭之中。

第二節　重建獨立的立陶宛

在重獲獨立幾個月之後，勝利的欣喜已經落幕，立陶宛成為自由國家，但是經過長達五十年的占領，眼前所見的是百廢待舉的景象。波羅的海三小國的經濟和能源完全受制於俄羅斯，超過 90% 的貨物流轉與前蘇聯的共和國密切相關。1991 年下半年，在前蘇聯各地開始巨大的通貨膨脹，在幾個月之內物價指數飛漲數百個百分點，貿易崩潰，以蘇維埃市場為目標的企業紛紛破產，製造業災難般的衰退。處此困境，立陶宛只有起死回生，才能步上建設國家的正軌。

二次大戰後首次合法的選舉在 1992 年秋天舉行，由布拉扎烏斯卡斯 (A. Brazauskas) 領導的立陶宛勞動民主黨（前立陶宛共產黨）在一百四十一席議會中得到七十三席。在議會中占大多數，使得勞動黨得以監督政府的工作，直到下屆選舉。1993 年 2 月 14 日，布拉扎烏斯卡斯以 60% 的得票率當選為總統，並於 2 月 25 日宣誓就職。

對於重獲獨立的立陶宛而言，首要的課題是進行貨幣改革，以及穩定金融系統。較之波海其他國家，立陶宛在貨幣改革上經

受最困難的考驗。1992 年 10 月發行臨時貨幣，卻不能穩定市場經濟，1993 年援引拉脫維亞之例，開始逐漸過渡到本國貨幣——立陶。遲到的貨幣改革，對立陶宛經濟產生負面的影響，假如愛沙尼亞和拉脫維亞的通貨膨脹在 1993 年已從 1,000% 降至 30～40%，那麼立陶宛則僅降至 400%。1994 年 3 月建立外匯委員會制度，立陶盯緊美元，如今立陶宛的通貨膨脹迅速回穩。

在與俄羅斯的相互關係上，最尖銳的問題是俄羅斯部隊的撤離立陶宛。俄羅斯施展拖延戰術，堅稱不可能在 2000 年前撤軍。然後莫斯科同意撤軍，卻要求龐大的補償，以及保留在斯克倫達 (Skrunda) 和帕爾吉斯基的軍事基地，作為交換。1992 年立陶宛當局得以和俄羅斯軍事指揮達成 1993 年 8 月 31 日以前撤軍的協議，事後俄羅斯否認議定的日期，然而在強大的國際壓力之下，迫使俄方在既定的期限內完成撤軍。

第三節　二十一世紀初的立陶宛

曾經輝煌的歷史，就像金融風暴中的一座燈塔，在浮沉和迷失中，照亮立陶宛的方向。今天的立陶宛給人的印象，猶如國內許多傲然屹立的建築物一樣，雖然經歷連綿戰火、蘇聯鐵蹄、金融危機，受到嚴重破壞，血淚斑駁。然而人們相信，這些立陶宛人引以為傲的歷史古蹟，有朝一日一定會恢復美輪美奐的面貌。

一、政　策

立陶宛在 2001 年加入世界貿易組織，2002 年 10 月歐盟邀請立陶宛加盟，2003 年簽署一項經全民公決通過的立陶宛加入歐盟的決議，2004 年 5 月 1 日正式加入歐盟。自 2004 年 3 月 29 日起，立陶宛成為北大西洋公約組織的一員。截至 2021 年，與 189 個國家建立外交關係。2015 年 1 月 1 日，立陶宛加入歐元區。

2008 年 6 月立陶宛議會通過一項法律，視納粹和蘇維埃標誌為同類，並禁止其在公開集會場所中使用：它「可能會被視為納粹和共產侵略主義政權的宣傳工具」。「禁止展示納粹德國、蘇聯、立陶宛蘇維埃社會主義共和國的旗幟、徽章、標誌和制服，並且不得在旗幟、徽章、標誌和制服中部分使用納粹德國、蘇聯、立陶宛蘇維埃社會主義共和國的旗幟和徽章」。禁止使用納粹卍黨徽、蘇維埃的鐮刀與斧頭、蘇維埃的紅色五星符號，並且不得使用納粹德國、蘇聯、立陶宛蘇維埃社會主義共和國的國歌。

1992 年 11 月 19 日，立陶宛組建軍隊。實行職業軍人和義務兵混合制，義務兵服役期 12 月。立陶宛軍隊曾參與伊拉克軍事行動（2003 年 6 月至 2007 年 8 月），並在北約的軍事指揮下，曾經駐紮阿富汗。

二、人　口

根據 2023 年的普查，立陶宛有約兩百八十萬人。自 1989 年起，因大量的移民和自然增長的負成長，國家人口一度減少。根

據世界銀行 2013～2014 年的數據，立陶宛落入全球消失速度最快的國家名單。人口災難性的減少約兩萬八千人 (1%)——因居民洪流般的外移、死亡率增加和出生率下降而加劇。根據 2021 年立陶宛人口普查，立陶宛人占該國人口的 84.6%，波蘭人 6.5%，俄羅斯人 5.0%，白俄羅斯人 1.0%，烏克蘭人 0.5%。立陶宛有約四千猶太人，其中維爾紐斯有約兩千七百人，考納斯約四百人。自十四世紀起，猶太人即遷居立陶宛，接近二十世紀初期占維爾紐斯人口 40%。1920～1930 年代是猶太文化在維爾紐斯的鼎盛時期。1933 年至 1945 年猶太人大屠殺的悲劇〔Holocaust〕奪走 95% 的二戰前立陶宛猶太人口（二十萬人，另一說法為二十一到二十二萬人），接近 1944 年，維爾紐斯的猶太人僅剩六百人。

在宗教信仰上，79% 的立陶宛居民信奉天主教，4.07% 信仰東正教，8.3% 非教徒。

三、經　濟

立陶宛政府實施廣泛的私有化計畫和價格改革方案，建立新的銀行和財經系統，重新修訂 1991 年秋天已經開始實施的經濟法律。1992 年春天，進行大多數商品價格的自由化（基本食品和房租除外）。為了減輕改革的影響，政府先是阻止工廠關閉，給予國家補貼。通過工資指數化，增加退休金，以及提高其他低收入階層的補助金，以維持起碼的生活品質。然而支柱產業不多，各地區經濟發展不平衡，政府對教育、文化、醫療等領域投入有限，失業率高居不下。隨著改革計畫的實行，失業人口隨之上升（從

1994 年的 4.5% 到 2002 年的 12.5%，類似的情況也在鄰國波蘭發生，其失業率達到破紀錄的 20%）。經過 2006 年的事故之後，關閉「友誼」輸油管波羅的海分支。建於蘇聯時期的馬熱伊基亞伊的煉油廠，位於離海岸一百公里處，規模龐大，其產油量高於國家需求量的兩倍，產量取決於外國原油的供應（主要來自俄羅斯）。經過幾次具政治目的的轉售外國公司後，來自俄羅斯的原油顯著縮減。為了減少對俄羅斯原油供應的依賴，在布亭格建有石油終端站（位於波羅的海沿岸，靠近希文托因）。如此一來，現在部分用來提煉的原油，可以獲自其他供應商。

　　曾經蓬勃發展的建築業市場（尤其是在加入歐盟，從其基金會獲得豐沃的信貸之後），在 2008～2009 年間以全面潰敗告終。服務業和零售業也顯著萎靡。總體而言，2009 年因全球性的經濟危機，立陶宛的國內生毛額下滑 16.8%，是世界上國內生產毛額表現最差的國家之一（更嚴重的降幅只發生在拉脫維亞）。

　　服務業的產值在國內生產毛額中接近 65%，工業接近 23%（2004 年），在立陶宛經濟中占有重要份量的是化學工業加工部門，而增長最快的是紡織、儀表和石油煉製業。

　　2009 年歐盟反危機的援助，成為立陶宛有史以來國家預算最龐大的收入項目。根據立陶宛財政部的統計，歐盟的援助占 2009 年國家預算全部收入的 30.8%，估計在 2010 年它的份額將會增加幾個百分點。

　　莫斯科國際大學管理系主任格利果里耶夫寫道：1992～2007 年間波羅的海國家經濟的發展，在建設新的市場機制，以及

從危機的變數中過渡到成長，堪稱其歷史上非凡的成就。並且指出，波羅的海國家的經濟成就，在很多方面得力於蘇聯時期遺留下來的現代化基礎設施和工業設備。他又寫道：雖然這份「蘇聯遺產」的意義，以及對波羅的海國家日後發展的影響，眾說紛紜，莫衷一是。

四、銀行系統

立陶宛銀行是共和國的中央銀行，而且是歐洲中央銀行體系的一員，銀行管理領域內的部分問題由歐洲中央銀行決定。歐洲央行總理事會並且針對非歐元區的歐盟成員穩定匯率的必要措施提出建議，總理事會同時負責整合歐盟國家的貨幣信貸政策。自2002 年起，共和國的貨幣立陶盯緊歐元（在此之前盯緊美元），2006 年 12 月因無法接受的高通貨膨脹（雖然在當時而言相對較低，僅 2%），歐洲委員會決議將立陶宛、拉脫維亞和愛沙尼亞進入歐元區的計畫至少延遲到 2010 年（甚至到 2012 年）。最終，在2015 年，立陶宛正式加入歐元區。

在當今銀行業的總資本額中，外國資本額接近 90%，擁有立陶宛銀行執照，得以進行銀行業務共有九家商業銀行、四家外國銀行分行、四個外國銀行代表處、六十六所信用合作社。一百二十四家歐盟銀行在立陶宛共和國提供跨國銀行服務，並不設立分行和分部。

五、外　債

自 2000 年到 2005 年立陶宛外債總額在國內生產毛額中徘
迴在 40～50％ 之間， 2006～2007 年間外債攀升到約國內生產毛
額的 80％，2008 年稍微降低，接近 2009 年第三季度再次高攀到
約國內生產毛額的 90％。

六、對外貿易

在 1998 年 43％ 的立陶宛出口流向獨立國家國協各國，而俄
羅斯仍舊是立陶宛最大的貿易夥伴。 2002 年幾乎 34％ 的立陶宛
出口轉向歐盟國家，從中收入為五億四千萬美元。德國是繼俄羅
斯之後，立陶宛貿易市場第二個夥伴。

七、就業和失業率

自 1990 年代末期開始，立陶宛的失業率顯著下降（2002 年
失業率約 12.5％），主要是拜經濟的迅速成長之賜，然而經濟的成
長率卻因為該國的人口危機而潛力相當有限（原因是出生率的降
低和密集的移民潮，尤其是在加入歐盟之後，立陶宛人口自 1992
年起即不斷減少）。2010 年年中，該國的失業率達到空前的高峰
14.5％（約三十萬人）。

八、收　入

自 2001 年到 2008 年，立陶宛的平均月薪從 270 歐元上升至

620 歐元，接近 2009 年跌至 590 歐元。現今，2022 年第四季度立陶宛的平均工資總額（稅前）為 1,900.3 歐元，平均淨工資（稅後）為 1,184.4 歐元。

Baltic States

第 II 篇

拉脫維亞

第十一章 | *Chapter 11*

遠古時代

第一節　自然景觀

　　約在一萬五千年前，陸地的大部分地區仍被最後冰期的廣大冰河所覆蓋，拉脫維亞的土地也在這厚重冰層的籠罩之下。之後隨著氣候的逐漸溫暖，冰川開始融解。由於巨大冰塊的移動摩擦，整平古拉脫維亞的土地，拜沖積土的流洩堆積之賜，山坡和丘陵因而形成。冰川消退後留下河谷，道加瓦河便是其中之一（俄羅斯人稱之為西杜味拿河），拉脫維亞民族的命運與此河攸戚相關。

　　拉脫維亞是從黑海鋪展至波羅的海、遼闊的東歐平原的一部分，與歐洲其他土地相比較，拉脫維亞的地表相當舒緩平坦，最高點僅有三百一十二公尺。

第二節　原始居民

　　據最古老的考古資料記載，西元前九千紀左右，約當冰河時期之後，人類首度定居在拉脫維亞土地之上，但此並非拉脫維亞的直系遠祖，而是追蹤北方馴鹿，由南方遷徙而來的獵人和漁夫。古老的聚落在道加瓦河兩岸，以及當時的波羅的海冰湖湖畔。由此可知，人類擇居常是森林、水源兼顧，一方面要有蔥鬱森林，可採擷狩獵，再方面要湖河環抱，除了飲水無虞外，還可獵取棲息其間的魚群和飛禽走獸。當時居民人數不多，以相距甚遠的單獨群體散居在河濱和湖畔，實行原始公社制度。原始公社制度在拉脫維亞為時甚久，從西元前九千紀延續至西元九世紀，共九千多年。

　　首批居民操何種語言至今不明。西元前三千紀，一批屬於芬蘭－烏戈爾語系的部族群從歐洲東部的森林地區，移居到今日愛沙尼亞和拉脫維亞的土地上，使該地居民的種族結構發生變化。

　　西元前二千紀初期，從維斯瓦河、奧得河下游和聶伯河上游而來的波羅的海部族群遷居到拉脫維亞土地上。這些部族群主要從事畜牧業，並逐漸與當地的芬蘭－烏戈爾語系的部族群融成一體。後者受外來部族的影響，開始從事畜牧業，並發展農業。拉脫維亞民族的語言和文化的根源，有著波羅的海部族的傳統。拉脫維亞同時也是另一民族——利沃人的故鄉，後者的文化和語言則源自芬蘭－烏戈爾語族。

西元一世紀，波羅的海部族首度見於文獻。羅馬史學家塔西圖斯將之稱為艾斯其 (aestii)，艾斯其一詞，正如他所寫的：「比懶惰的日耳曼人勤奮許多的莊稼漢。」艾斯其在濱海地區挖掘琥珀，售給異族。約 523～526 年左右，艾斯其的使節前往晉見哥特人的國王，獻上以琥珀製成的禮物。當時的哥特史學家稱艾斯其為「愛好和平的民族」。九世紀末，盎格魯撒克遜旅行家遊歷艾斯其之地，寫道：「艾斯其——英雄和強壯的民族，蜂蜜和魚群豐饒；擅於製冰，拜此之賜，即使在炎夏，亦可創造冰涼。」

拉脫加爾人、則姆加爾人、庫爾什人、謝勒人（此四部族源自波羅的海族群）和利沃人（來自芬蘭－烏戈爾族群）是古拉脫維亞部族，在數百年之後由其共同組成拉脫維亞民族。

第三節　國家雛形

自五世紀起，拉脫維亞土地上發生重大的改革，農耕和畜牧確保幸運和勞動的人們衣食無憂，生活富足，出現豪門和小康家庭。最為人敬重和富有者成為氏族的領袖，搖身變成貴族，控制地區人民。為了抵禦覬覦地區財富的外來侵略者，拉脫維亞人的先祖在陡峭的山坡等難攻的地方建造城堡。當危險發生之時，人民可攜帶家產、牲畜在此躲藏。起初，在和平時期，城堡內罕有人居住，但當貴族企圖擴張權力，駕馭人民之際，便遷居城堡，開始統治屬於自己的地區（七～八世紀），建立軍隊，負起保衛城堡附近居民免遭攻擊搶劫的責任，並且左右法庭，徵收稅賦。城

堡的首領和軍隊不僅保衛城堡區的居民，同時也四出襲擊，搶劫鄰區，甚而征服對方，兼併其他城堡，因而建立最早的國家體制。

　　類似的國家組織首見於拉脫加爾人地區——塔拉瓦 (Talava) 和葉爾西卡 (Jersika)，以上兩地的首領將土地收歸己有，父子相傳，世代承襲，土地的命運由首領的意志獨斷，不經人民同意。

　　拉脫維亞西部國家體制的發展較緩，彼時在庫爾什和則姆加爾形成數個獨立的「區」，在這些土地上決定權仍然屬於人民會議或族長委員會。軍事領袖在社會和政治舞臺上占有重要的地位，當戰爭爆發之際，聯合數個「區」共同禦敵，其首腦由較有名望的領袖擔當，擁有極大的權力，幾乎與元首的權能相等。拉脫維亞西部國家體制的發展由此可見一斑，然其發展程度不及拉脫加爾地區。此說明，鄰近的羅斯公國在國家體制上影響著拉脫維亞東部地區，塔拉瓦的政治由普斯科夫主導，而葉爾西卡則受波洛茨克支配。國家體制的發展因天主教的傳入和十字軍的東來而中斷。

第四節　貿易和征戰

　　西元九～十世紀之交封建制度確立，地居險要的城堡是封建領主的權力中心。環繞城堡四周手工業和交易日趨興盛，終於形成城市。城市因其貿易角色的不同，面積大小不一。庫爾什人經營航海，曾擁有數座大城。各古城的居民人數至今無稽可考，據十三世紀的《詩韻編年史》記載，當日城市人口少僅數百人，多

達數千。

　　拉脫維亞東部諸地區與東斯拉夫各地保持著熱絡的貿易和文化往來，並以其為中介，進而與拜占庭及近東交流。波羅的海人許多貿易用語汲取自東斯拉夫民族，便是拜繁盛貿易之賜。

　　拉脫維亞沿道加瓦河及高亞 (Gauia) 河和東斯拉夫貿易，以波羅的海和史稱維京人的斯堪地納維亞居民通商，經普魯士藉維斯瓦河和南歐互通有無。此外，考古發現，當時的拉脫維亞還與羅馬帝國、保加利亞、伏爾加河沿岸及聶伯河流域有著聯繫。

　　貪圖他人財富的鄰族，企圖奪取拉脫維亞，地區居民和侵略者的殘酷戰鬥，在歷史上留下斑斑血跡。中世紀初期，覬覦拉脫維亞土地的有斯堪地納維亞、古羅斯和日耳曼民族。有時，羅斯人得以長時期或短暫地迫使拉脫加爾人和利沃人稱臣納貢，維京人亦曾降服庫爾什人。

　　與此同時，外來異族開始在當地居民間傳佈自己的宗教——基督教，當時基督教的信徒分為兩大支：天主教徒和東正教徒。羅斯人在拉脫加爾人的城堡中建造東正教堂，維京人則在庫爾什人的土地上蓋起天主教堂。然而侵略者不能長久束縛愛好自由的拉脫維亞民族，1107 年則姆加爾人在道加瓦河兩岸打敗羅斯軍隊，約九千敵軍命喪此役。拉脫加爾人為雪國破之恥，曾多次攻進羅斯的土地。庫爾什人在地上和海上擊潰維京人，854 年左右，他們殲滅丹麥的艦隊，劫掠半數船隻以及許多武器和金銀財寶。庫爾什人因擁有精良戰艦，曾攻上斯堪地納維亞，給予反擊。

　　接近九世紀時，日耳曼人已征服居住在波羅的海沿岸的斯拉

夫民族。此時在日耳曼北部形成數個強大的城市：不來梅、呂貝
克、漢堡。這些城市的居民經常往來波羅的海，積極從事貿易。
據傳，十二世紀時日耳曼商人已在道加瓦河岸建立居民點，與當
地居民交換貨物。

第五節　文化生活

截至十三世紀止，拉脫維亞民族仍未創造出自己的文字，彼
時他們識得斯堪地納維亞的字母，卻視之如神奇的裝飾圖案。隨
著國家的成立和基督教的傳入，需要文字繕寫文件和讀書識字。
拉脫維亞東部地區因基督教的傳佈，同時還推廣由神甫和修士引
進流行於修道院的古斯拉夫文（拉脫維亞文字中的基督教詞彙幾
乎全是借用自俄語）。以古斯拉夫文撰寫的福音書得到保存，但至
今仍未發現拉脫維亞文的古代手稿和書籍。

由口耳相傳的民間創作，尤其是民歌可知，拉脫維亞民族的
樂風鼎盛。民歌在拉脫維亞的音樂生活中占有重要的地位，較古
老的民歌歌詞與四季替換的節慶密切相關，慶祝家庭節日亦不可
無歌，並以各種樂器伴奏，木笛是流傳甚廣的樂器，另外民歌中
還提及各式多樣的民間樂器。許多古老的傳統和民情藉由音樂得
以保存流傳。

第十二章 | *Chapter 12*

騎士團時代

第一節　天主教的傳入

　　十二世紀中期，居住在波羅的海東岸的各民族有別於一些鄰近地區的民族，其中最大的差別無疑是信仰的不同。雖然幾百年來東正教的羅斯、天主教的波蘭，甚至一海之隔，信奉天主教的丹麥和瑞典等基督教國家比鄰環顧，他們卻依然故我，仍是多神信仰的異教徒。東正教會對傳教波羅的海並不特別熱中急進，天主教會雖自十世紀起，多次嘗試在波羅的海民族間宣揚基督教信仰，卻成效不彰，無功而返。

　　十二世紀下半葉，波羅的海地區的均衡勢力瓦解。漢撒同盟的商賈獲得通往波羅的海之路，使其能通達夢寐以求的東歐邊域。因途經異教徒的土地，因此產生使這些地區的異教徒改奉基督教的迫切需要。十字軍東征的意圖依然活躍，如此一來，西歐國家，尤其是日耳曼和丹麥的騎士們便可趁機在歐洲一試身手。十字軍

東征對抗波羅的海的異教民族師出有名，由羅馬教廷和東羅馬皇帝鼓動支持。

　　在日耳曼，封建制度的發展鼎盛，帶動人口迅速增長，手工業和貿易也隨之昌盛，跟著而來的便是新土地的迫切需要。於是在卡爾大帝 (Karl) 時期（西元八世紀末葉），日耳曼的封建領主展開所謂的「挺進東方」的行動，目的在攫取肥沃的土地，並開墾殖民。在為期數百年的征戰討伐中，勝負交替，各有輸贏。天主教支持「挺進東方」的行動，且積極參與征服占領地上各民族的活動。西元十二世紀中葉，日耳曼人來到波羅的海沿岸，奪得斯拉夫城市，並以此城為基地向道加瓦河口和利沃人土地進軍。

　　十二世紀下半葉，來自日耳曼北部城市的商賈首次出現在道加瓦河河口，他們事先得到日耳曼封建領主和羅馬天主教會的支持，企圖控制縱貫拉脫維亞的貿易要道。隨著商人來到拉脫維亞的還有傳播基督教信仰的傳教士，1184 年教皇亞歷山大三世的使節梅恩哈爾德來到伊克什基爾利沃人的聚落。在得到利沃人和拉脫加爾人首領之首肯後，梅恩哈爾德開始傳佈天主教信仰，然而利沃人對此卻反應冷淡，梅恩哈爾德於是請來哥得蘭 (Gotland) 的石匠 ，在伊克什基爾建起拉脫維亞前所未有的石造城堡 （1185 年），允諾在危險時刻，利沃人可遁入城堡避難，至此，部分利沃人才允諾受洗，然而事後利沃人並未信守諾言。於是羅馬教皇應梅恩哈爾德之要求，宣佈十字軍東征，討伐利沃人。

　　梅恩哈爾德傳教雖失敗，羅馬教皇仍寄予希望，能使當地居民改信基督教，1186 年任命梅恩哈爾德為主教，從此以後天主教

主教區在拉脫維亞正式成立。

與此同時，在土拉伊達 (Turajda) 另一位傳教士契阿多利赫 (Teodorih) 也著手傳教的工作。利沃人對新信仰並不熱中，土拉伊達的居民甚至打算將契阿多利赫當做犧牲，獻給他們的神明，祈求豐收，遠離洪水為患，契阿多利赫倖免於難，偷偷離去。

第二節　十字軍東征

梅恩哈爾德死後 （1196 年），貝爾托爾德 (Berthold) 踐主教位，不久後即和當地民族發生爭執，1198 年率領從日耳曼招募而來的十字軍騎士前來，在里加山與利沃人首度交鋒，貝爾托爾德兵敗身亡，十字軍被迫撤回日耳曼。天主教率領新的十字軍和以兇殘著稱的新任主教艾伯特 (Albert) 重返舊地，再度征伐利沃人，利沃人被迫皈依天主教。

1201 年侵略者建城里加，作為進攻的基地。1202 年艾伯特經教皇同意在里加成立「寶劍騎士團」，並與之聯手，逐步征服波羅的海各民族。至此，使異教徒改信基督教的美意，明目張膽地被占領波羅的海的野心所取代。繼利沃人之後，拉脫加爾人亦屈從，愛沙尼亞民族經過波瀾壯闊的奮戰後，終於繳械。此後在里加的南方仍有不少不屈服的部族和土地。庫爾什人和則姆加爾人堅定不移地為自由戰鬥，1225 年和 1230 年的和談迫使庫爾什人稱臣，維斯達爾特斯 (Vestarts) 公爵在西則姆加爾保持獨立，準備自願接受基督教。

　　1229 年艾伯特去世，他在波羅的海地區為時二十九年的生涯中，名義上雖是宣揚天主教信仰，實則從事占地牟利的勾當，是當地人民兇殘的仇敵。艾伯特死後，「寶劍騎士團」氣衰力竭，在 1236 年的希奧利艾一役幾遭殲滅，餘眾在 1237 年併入位於普魯士東部的日耳曼條頓騎士團，成為該騎士團的分支，是為利沃尼亞騎士團。

　　希奧利艾役後，羅馬教皇向利沃尼亞發動另一次十字軍遠征，利沃尼亞騎士團因此得以擴充軍備，大幅拓展侵略拉脫維亞各民族的軍事活動。

第三節　利沃尼亞

　　日耳曼入侵者極力奪取各貿易要道，據為己有，且向農民徵貢收稅，徭役民力。奪來的波羅的海地區——拉脫維亞和愛沙尼亞土地，日耳曼人以自古定居里加灣沿岸的利沃人為名，稱之為利沃尼亞——一個涵蓋拉脫維亞和愛沙尼亞的教會公國聯盟。區域內各民族源遠流長的獨立政治和社會發展，在十三世紀初期受阻中斷，異族在侵略的同時，也在此地建立起西歐模式的社會和政治體系。從十三世紀上半葉起到 1561 年止，拉脫維亞地處利沃尼亞範圍之內。

　　在拉脫維亞未曾有過強力的統治者，加上日耳曼不信任地區人民，因此地區的國家體制均由主教和騎士團依教會的傳統建成。

　　中世紀對利沃尼亞而言，可稱之為騎士團時代，無疑的，騎

士團在這段時期是地區上最為活躍的政治力量。然而利沃尼亞騎
士團卻終究無法如同普魯士騎士團般地在地區上稱霸，主要的原
因是，此地早已鞏固的政治力量迫使利沃尼亞騎士團不得不另眼
相看，利沃尼亞內政的核心是騎士團與主教國之間的權力之爭。

　　首先到來的主教由羅馬教皇和日耳曼皇帝封官授爵，以親王
或封建領主之職掌控國家。彼時的利沃尼亞雖與鄰土有著顯著的
差異，但本身的體制卻未能一致，地區內建有四個主教國家——
里加 (Riga)、庫爾捷姆 （Kurzeme，二者位於拉脫維亞）、塔爾圖
(Tartu)、薩列馬 (Saaremaa)，和利沃尼亞騎士團國，後者占地最
廣，包括庫爾什的三分之二、則姆加爾的全部、拉脫加爾的三分
之一和愛沙尼亞的大部分土地，以及海港多處，儼然是波羅的海
地區最強盛的軍事大國。與強敵利沃尼亞騎士團相鄰，各主教國
不得不擁兵自重，保護城池。十四世紀的利沃尼亞便是處在這種
劍拔弩張的對立局面。在持續多時的封建戰爭中，雙方都不能獲
得決定性的勝利，騎士團之所以不能獲勝，原因是此時在利沃尼
亞形成一股新的力量——里加城，在鷸蚌相爭的戰亂中，它逐漸
壯大，地位也愈趨重要。

第四節　里　加

　　里加地處道加瓦河下游，里加湖畔，里加河在此匯入主流，
是一天然良港，重要的水、旱路交通輻輳。利沃人和則姆加爾人
以此為界，比鄰而居，拉脫加爾人和庫爾什人在此亦非外族。里

圖 26：里加的大基爾德

加城的形成可追溯自十一或十二世紀，1201 年開始建城，名稱來
自里加河。 1215 年的一場大火， 燒盡原是利沃人居住地的舊城
區，由主教艾伯特監造的新城區，大火之後成為重要的部分，是
里加的中心區。

　　里加比其他城市更早成立稱為基爾德的各種商人和手工業者
組織。商人團結為聖靈基爾德，後稱大基爾德，手工業者統一成
聖約翰基爾德，後名小基爾德。手工業者的人數日益增加，加劇
各同業工會間的相互對立。排擠拉脫維亞民族的日耳曼同業工會
企圖限制非日耳曼者，於是有「日耳曼工會」和「非日耳曼工會」

之分，彼此各立門戶，互不往來。

　　貿易對里加城的發展居功厥偉，為拓展貿易，1210 年里加市議會與俄國城市──先是波洛茨克，後則是斯摩稜斯克和維捷布斯克 (Vitebsk) 簽署貿易協定；此外還與日耳曼和西歐各城達成各種協定，里加成為波羅的海地區重要的貿易中心。為保障城市的利益，里加於十三世紀末加入日耳曼城市聯盟──漢撒同盟。

　　大主教和利沃尼亞騎士團均視里加為己有，且在里加各自擁有城堡，里加難以與之抗衡。有時三方和平共處，分享貿易帶給里加的財富。然而里加爭奪戰仍舊持續不斷，直到利沃尼亞崩潰方休。

　　1297 年里加和騎士團之間爆發武裝衝突，大主教和立陶宛參戰，為里加助陣，戰鬥持續數十年，直到 1330 年里加才承認騎士團的宗主權。

第十三章 | *Chapter 13*

新時代的來臨

　　十五世紀是歷史的界碑，結束中世紀的黑暗時代，展現另一道文明的曙光。文藝復興和地理大發現開啟文明的契機，新的社會在歐洲建立，人類的世界觀豁然開朗。新時代的特徵有以下數點：教會對社會的影響力減弱，世俗權力的加強，市民中產階級角色的提升，以及對大自然和人類興趣的產生。處此蓬勃的時代，拉脫維亞卻無法與世界同步齊進，新文明的特質不能在拉脫維亞的歷史上一一尋得。雖然利沃尼亞在經濟和社會上有著根本的變化，但利沃尼亞諸國既是依照教會傳統建立形成，因此無論是騎士團或是主教都不願承認此一事實。

第一節　農奴制度

　　約自十五世紀起，歐洲東部的全部地區掀起一場重大的經濟改革，利沃尼亞亦不例外。為期約一百年的改革更新所帶來的變動是如此的明顯和切身，連帶影響到舊有的生活方式和面貌。取

代牆高河深、防護周延的封建城堡，出現的是不設防的領地。此時的利沃尼亞正處於走向農奴經濟的轉型期，面對許多新的情勢和環境。

新興的地主（封侯和騎士）沒有足夠的生產工具以從事農耕，開展自己的事業，而戰爭的終止，更無奴隸和俘虜可供差遣。在領地上居住的農民雖自認是自由農民，卻以實物代役租的形式繳納封建地租，並服些許勞役。因從事農業經濟轉身變成地主的騎士，既沒有財力向農民買田購地，又缺勞力在無人眷戀的土地上挖根掘土。因此騎士擅自將農民驅趕到貧瘠荒蕪的土地上，將原屬農民的土地併入自己的領地。為使農民無法逃離領地，地主限制農民的自由，並與其他地主簽署協定，相互遣返逃跑的農民。農民大眾仍未意識到：隨著領地的出現，他們的經濟將淪為農奴的依附地位。

地主的財富和土地與日俱增，農民流落到熟荒之地或森林，農村化為赤貧。如此的局面，過程漸進，並持續數個世紀之久。農村的破落激怒農民揭竿而起，伺機起義。此一局勢，在宗教改革和利沃尼亞戰爭時，即利沃尼亞國家體制崩潰之際孕育成熟。

第二節　宗教改革

經濟上的變革促動新的社會力量，竭力改變現存的國家體制。地主們竭盡所能鞏固已有的地位和既得的財富。十五世紀末期，他們已占有最高權力機構和最高法院的里加大主教會議的絕大多

數，並與主教及騎士團領袖們共掌利沃尼亞地方自治代表會。十六世紀上半葉，當來自日耳曼的教會改革運動傳入利沃尼亞時，地主們即投懷送抱，因為如此一來他們便有藉口對主教、騎士團、修道院和天主教會的土地予取予求。

改革運動旨在抗拒羅馬教皇和天主教會，反對教會的世俗權力和貪婪無厭，以及修道院的擁地坐大。農村地區一股農民風暴正在醞釀，熱烈的傳教士霍夫曼 (M. Hoffmann) 呼籲為公平而戰，愛沙尼亞，尤其是塔爾圖的市民和農夫積極地參與戰鬥。在里加，奉行馬丁‧路得中庸路線的追隨者起義反對天主教祭祀的奢華闊綽，反對聖像和所有的裝飾。1524 年改革運動在里加掀起一場風浪——成群結隊的市民湧向天主教堂，拆屋毀物，關閉修道院，逐走修女修士。里加的騎士團首腦支持群眾運動，因為此舉正可削弱里加大主教的教權和影響力。

天主教會和路得教會的鬥爭遍及全部波羅的海地區，條頓騎士團的首領阿爾布雷赫特 (Albrecht) 消滅位於普魯士的條頓騎士團，改奉路得教會，建立普魯士（日耳曼）公國，並於柯尼斯堡（Konigsberg，今加里寧格勒〔Kaliningrad〕）創建專業的學術機構，用以培訓傳教士。1544 年立陶宛籍的學者庫利維奇斯 (Abraham Kulvetis) 將此學術機構改革成為大學。

局勢的逆轉迫使利沃尼亞騎士團不得不與拉脫維亞和愛沙尼亞的新信仰妥協，1554 年瓦爾米耶拉 (Valmiera) 的地方自治代表會宣佈信仰自由，路得教會獲得勝利。

有別於基督教會以人民無法了解的拉丁文進行宗教儀式，路

得教會的宗教儀式則是以信徒的母語進行。1524 年以里加的聖以阿可瓦 (St. Iakova) 教堂為中心建立第一個拉脫維亞教區，此外為廣佈路得教會，開始以拉脫維亞文出版書籍，1525 年在呂貝克首次出版的拉脫維亞文祈禱書即為一例，1530 年前後神甫藍姆 (N. Ramm) 編製第一本拉脫維亞文的宗教歌集，並將「十戒」譯成拉脫維亞文。此股風氣同時也推動拉脫維亞文字的發展。

採行中庸路線的路得教會在利沃尼亞的宗教改革中地位穩固，起初地主和富人害怕宗教改革會轉變成群眾行動，鼓動農民揭竿而起對抗地主，然而在日耳曼的路得卻對農民的動亂屬聲指責。路得教會向地主和領主靠攏，認為農民應以地主和領主的信仰為信仰，附和地主和領主的利益。里加改奉路得教，接收天主教會和修道院的財產。改信路得教使地主能完全掌控和監督教會：神甫由其指定，成為地主和國家政策的執行人，為其控制人民的工具，而農民的地位卻未因信奉路得教而有所改變。

宗教改革在利沃尼亞形成奇特的形勢，利沃尼亞的統治者騎士團和主教仍是天主教徒，而其治下的大多數人民則是路得教義的信徒。

總體而論，路得教會之於拉脫維亞人民仍屬異教，人民對宗教改革漠然處之，農民所要的是解除農奴的枷鎖，擺脫日耳曼地主的束縛，爭取人民自由。因此當宗教改革之始，受傳教士霍夫曼的影響，曾夢想宗教改革的遠景，但不久之後農民便確信：宗教改革只是教會的改造而已，並不觸動日耳曼貴族統治的根基，拉脫維亞人民因此對新宗教興趣索然，依舊信仰自己的天地眾神。

第三節　利沃尼亞的崩潰

十六世紀的波羅的海捲入一場貿易風暴。此時在西歐工場手工業迅速發展起來，波羅的海地區提供其不可或缺的原料，尤其是在農奴無償地為地主工作的地方，原料的取得更是便宜，商人因此大發利市。

在里加，由於莫斯科、波蘭和立陶宛貨物的輸入，商業興隆。此一局面，在莫斯科公國、波蘭和立陶宛陷於分崩離析、積弱不振之時，而利沃尼亞騎士團又處在軍力顛峰之際，仍能維繫不墜。然而當波蘭和立陶宛結合為一，俄國建立中央集權國家，而宗教改革又使利沃尼亞的一些天主教小國根基動搖時，局勢全然改觀。利沃尼亞既無強力統治者可以維持地區的安定，其未來的命運便由強鄰俄國、波蘭－立陶宛和瑞典決定。

十五世紀末～十六世紀初對利沃尼亞東鄰——莫斯科公國的歷史而言可謂一重要的階段。在將蒙古入侵者驅離羅斯之後，四分五裂的羅斯公國一統在莫斯科沙皇的權力之下。莫斯科的歷代沙皇除駕馭羅斯的土地外，還竭力擴展疆域，第一個目的便是將波羅的海納為己有，覬覦波羅的海諸港，想藉此與北歐和西歐貿易，活躍國家商業。

俄國恐怖伊凡統治的中央集權國家，對喪失爭霸波羅的海，以及與西歐的貿易和文化聯繫須繞道他國（波羅的海），無法坐視容忍。於是在 1554 年要求經利沃尼亞通往歐洲的自由通道，聲稱

利沃尼亞不能阻礙外國工匠和手工業者前往莫斯科，且利沃尼亞
騎士團無權與波蘭－立陶宛和瑞典簽署軍事同盟。彼時與俄國有
貿易往來的利沃尼亞諸城——里加、塔林和塔爾圖，和尋求與莫
斯科直接聯繫的其他漢撒同盟城市，彼此角逐敵對，互不相讓，
利沃尼亞處於完全孤立的地位。在此局勢下開始利沃尼亞戰爭
（1558～1583 年）。

利沃尼亞戰爭分為兩個階段：第一階段是俄國擊潰利沃尼亞
諸國（1558～1561 年），第二階段是波蘭－立陶宛和瑞典參戰，
與俄國共同瓜分利沃尼亞（1562～1583 年）。

戰爭伊始，四分五裂的利沃尼亞便無力抵抗進犯的俄國軍隊，
俄軍不費吹灰之力，一舉拿下塔爾圖主教國。在接下來的幾個月
內，俄軍攻城掠地，共奪得十座利沃尼亞城市和三十座城堡。騎
士團招募日耳曼軍隊，全力抵抗，1560 年夏，在埃爾格梅
(Ergeme) 與俄軍遭遇，潰不成軍。此後騎士團人數驟減，影響力
盡失。騎士團在埃爾格梅大敗後，農民起義旋即接踵而至，愛沙
尼亞人率先發難，農民浪潮和起義成為彼時波羅的海各地共同的
現象。

第四節　瓜分豆剖利沃尼亞

當利沃尼亞諸國岌岌可危已顯然可見時，利沃尼亞地方自治
代表會在里加近郊，聲明同意委身波蘭－立陶宛大公國，為其附
庸。里加大主教亦宣佈投降，塔林臣服瑞典，薩列馬島和庫爾捷

姆主教國售予丹麥，塔爾圖主教國和阿盧克斯內 (Aluksne) 讓給俄
國。1561 年 11 月在立陶宛首都維爾紐斯簽訂降書，利沃尼亞末
代首領凱特列爾 (Gotthard Kettler) 交出權力，利沃尼亞騎士團壽
終正寢。道加瓦河右岸稱為「外杜味拿公國」（1561～1629 年）
的土地落入波蘭－立陶宛大公之手，由波蘭國王任命的行政官或
省長管理駕馭。左岸土地聯合成庫爾捷姆－則姆加爾公國，亦唯
立陶宛和波蘭馬首是瞻。凱特列爾成為庫爾捷姆－則姆加爾公國
的公爵，騎士團其他成員則是該公國的地主。唯獨里加置身降書
之外，在此後的二十年間還保有獨立自主的地位。1581 年里加宣
誓效忠波蘭－立陶宛國王斯捷凡‧巴托利，後者寬宏地允許里加
城保存既有的諸多權利和習俗。

　　之後利沃尼亞戰爭仍持續幾達二十年。此一階段俄國先是與
波蘭－立陶宛共和國征戰，後則與瑞典交鋒，瓜分豆剖利沃尼亞。
纏鬥多時的戰事耗盡俄國軍力，卻未能達到通向波羅的海的目的。
利沃尼亞由波蘭－立陶宛共和國、瑞典及丹麥瓜分割據。

　　利沃尼亞戰火下拉脫維亞民族損失慘重，村落和城鎮殘破不
堪，居民流離失所，貿易中斷。雖然拉脫維亞民族的讎敵——三
百年來壓榨剝奪人民的利沃尼亞騎士團因此得以殲滅，但貴族的
興起，騎士團成員搖身變成地主，農民的生活更加悲慘，較之前
幾世紀有過之而無不及。

　　地主是這場戰爭的最大贏家。在利沃尼亞獻上降書之際，地
主們向波蘭－立陶宛國王西吉斯姆德二世‧奧古斯特遞上二十六
點要求，求其批准，內容包括：承認前封地為地主所有，而農民

圖 27：西吉斯姆德二世・奧古斯特

則是地主的奴隸。地主的請求形於文書，是為《西吉斯姆德・奧
古斯特特權》。文書的原件下落不明，因此西吉斯姆德二世・奧古
斯特是否批准此特權，至今成謎。

波蘭─立陶宛和瑞典
統治下的拉脫維亞

第一節 「曆法之亂」

　　十六世紀，天主教的反宗教改革運動在波蘭得勢，在維德捷姆 (Vidzeme) 和拉脫加爾則是路得教會盛行，因此要將該地居民波蘭化的當務之急，便是與路得教會的爭鬥，以使信徒重回天主教會的懷抱。為此曾在采西斯 (Cesis) 建立天主教主教區，在里加由波蘭─立陶宛國王下令，將原屬拉脫維亞教區的聖以阿可瓦教堂轉手給天主教會。與此同時，耶穌會也在拉脫維亞展開行動：在里加設立學校，遍行維德捷姆和拉脫加爾，熱情地宣傳天主教信仰，摧毀為人民膜拜奉獻的異教聖地（樹木、巨石、泉源）。耶穌會不訴諸武力，以幫助農民的方式傳教宣義，因此贏得一些農民的信任和好感。

　　1582 年波蘭國王斯捷凡‧巴托利下詔在「外杜味拿公國」引進新的曆法──格列高里曆。羅馬教皇格列高里十三世在位時曾

改革儒略曆，並給予支持，使能正確無誤的確定宗教節日。曆法的改革可謂一大進步，因如此可使曆法更接近天文學的紀年法，且能免除與之牴觸的錯誤。

在「外杜味拿公國」天主教反宗教改革的氣勢高揚。奉派的耶穌會教士重返里加，兩座里加教堂轉手天主教徒，此舉引來路得教士的抗議，教唆民眾反對新的曆法，認為此乃天主教的臆造空想，於是在里加開始稱為「曆法之亂」（1584～1589 年）的暴動，其主要目的是擴大里加市民在城市中的權力。「曆法之亂」的參與者，是被基爾德拒之門外的小市民，以及城市領地的農民。暴亂乃烏合之眾的自發運動，無人領導，故一無所得。「曆法之亂」雖暴露出里加的城市自主權之不足，但卻因波蘭政府支持里加富人，未獲任何具體的結果。

第二節　波蘭－瑞典戰爭

十六世紀下半葉，波蘭－立陶宛共和國成為波羅的海地區首屈一指的強國。該世紀末期，當波蘭國王斯捷凡‧巴托利逝世（1586 年）後，瑞典國王約翰三世之子——西吉斯姆德三世‧瓦扎被擁上波蘭王位。1592 年末，瑞典瓦扎王朝的約翰三世去世，王位的唯一繼承人只有西吉斯姆德三世，如此一來，系出瑞典王朝的波蘭國王西吉斯姆德三世同時踐瑞典王位（1594 年），波蘭國王因此意圖降服瑞典。瑞典人因畏懼天主教的霸權和農奴制的波蘭，對此抗不從命，並擅自廢黜西吉斯姆德三世，另行選舉前

王的遠親卡爾為國王，是為卡爾九世。西吉斯姆德三世不服從瑞典人的決定，於是展開為時甚久的波蘭－瑞典戰爭（1600～1629年）。由於彼時的北愛沙尼亞隸屬瑞典，為瑞典軍隊的集中地，因此大部分的戰事均在拉脫維亞進行。

　　由不滿波蘭－立陶宛的愛沙尼亞和維德捷姆貴族支持的瑞典，在戰爭初期戰果卓著，輕易奪下愛沙尼亞和維德捷姆的全部土地（里加除外）。然而當波蘭逐漸擴充軍力，大軍來犯時，瑞典便敗績連連。1605 年薩拉斯比爾斯 (Salaspils) 一戰瑞典一敗塗地，維德捷姆再次落入波蘭－立陶宛手中。此役之後，瑞典易主，傑出的古斯塔夫二世‧阿道夫（Gustav II Adolph，1611～1632 年）成為瑞典國王，建立強大的軍隊。1621 年瑞典成功地從海上登陸，拿下里加，之後再度征服維德捷姆。終於在 1629 年，與戰雙方在阿爾特馬爾克 (Altmark) 簽署停戰協定，拉脫維亞一分為三：庫爾捷姆和則姆加爾組成附屬於波蘭的庫爾捷姆（庫爾蘭）公國，維德捷姆、愛沙尼亞和里加割與瑞典，稱為瑞屬維德捷姆（利沃蘭），拉脫加爾則完全臣服波蘭，是為波屬拉脫加爾或因夫蘭 (Inflantya)。

第三節　庫爾捷姆公國（庫爾蘭公國）

　　當利沃尼亞崩潰之際，在原屬騎士團的土地上建起庫爾捷姆－則姆加爾公國（簡稱庫爾捷姆公國，1562～1795 年），首都為葉爾加瓦 (Jelgava)，騎士團的末代首領凱特列爾成為公爵。新

公國先受立陶宛控制,《盧布林聯合》簽訂後則臣屬波蘭,為一典型的貴族－農奴國家。在國家體制上,庫爾捷姆類似成立於 1525年的普魯士公國,信仰自由、保障貴族特權和授職地方日耳曼人為其治國根本。城市代表喪失參與地方自治代表會的權利,貴族和公爵在此商議重大課題,其決議經雙方同意後具有法律效力,貴族對公爵負有服軍役和實踐誓言的義務。公爵不擁有軍隊,貴族時而桀驁不馴,且竭力擴大個人的權力和特權,因此公國的內政有如一部公爵和貴族間的明爭暗鬥史。

　　公國先後由兩個王朝統治——凱特列爾王朝 (1562～1737年,為凱特列爾的後代,共有六位公爵執政)、比龍王朝(1737～1795 年, 為庫爾捷姆地主, 在俄國的協助下登上權力中心)。1587 年凱特列爾死後 , 公國一分為二 , 由其子菲力德里赫(Friedrich) 和威廉 (Wilhelm) 分管。威廉為鞏固權位,不斷與貴族

為敵,後者向波蘭共和國國王告狀控訴,威廉遭廢黜 (1617 年)。菲力德里赫一統公國,擅於緩和與國王和貴族的關係 , 為此他不得不接受由波蘭－立陶宛委員會據貴族需要而制訂的憲法,貴族地位因而大增,且可在衝突發生時逕向國王申訴,藉此波蘭國王亦可趁機干預公國內政。

　　菲力德里赫無子嗣 , 1642 年其姪雅可伯 (Jakob) 繼位,成為庫爾捷

圖 28:庫爾蘭公爵雅可伯

姆最傑出的公爵，他在位的四十年（1642～1682 年）是庫爾捷姆
的黃金時期。雅可伯遵守與貴族修好的作法，安頓公國內政，鞏
固國際地位，採行重商主義，以設置關口壁壘為政策根本，優惠
輸出，限制輸入；創立工場手工業，積極從事貿易，在非洲的聖
安德里亞島和南美的多巴戈島 (Tobago) 擁有小小的殖民地，此外
他還計畫參加殖民澳洲之行，力邀羅馬教皇參與此計畫。為保持
庫爾捷姆的中立，雅可伯與瑞典、荷蘭、英國及俄國簽訂和約，
並積極活動，以維持和平。1651 年由法國國王路易十四居中，雅
可伯在呂貝克組織和平會議，促使波蘭和瑞典握手言和。時斷時
續為時二年的會議終究無法獲致預期的結果，當 1654 年戰事重燃
時，與戰雙方背信忘義，覬覦庫爾捷姆，雅可伯無力捍衛公國。
1658 年瑞典－波蘭戰爭爆發，來自里加的瑞典隨即攻占葉爾加
瓦，雅可伯攜家倉皇逃到伊凡哥羅德 (Ivangorod)，直到 1660 年
《奧立夫 (Oliwa) 和約》 簽訂後始能回到故地，立即著手在破敗
的經濟上重建家園。

　　1682 年雅可伯逝世，庫爾捷姆喪失在地區上的政治和經濟意
義。十七世紀末，政治開始動亂，在下個世紀的一百年中持續紛
擾不休。

　　北方戰爭之時，強鄰俄國壓境，庫爾捷姆如芒刺在背。當
1709 年普魯士國王在和彼得一世的談判中，要求後者以庫爾捷姆
交換普方支持俄國對瑞典作戰之時，庫爾捷姆的命運已定。然而
俄國卻處心積慮擴大對庫爾捷姆的影響力，以達將它併入俄國版
圖的目的。1709 年彼得一世訪查葉爾加瓦，促成年輕公爵菲力德

里赫－威廉 (Friedrich Wilhelm) 和姪女安娜‧伊凡諾芙娜 (Anna Ivanovna) 的婚事。在菲力德里赫－威廉遽逝後，沙皇命令安娜留駐公國首都葉爾加瓦。自此以後，俄國在庫爾捷姆的政治影響力與年俱增。雅可伯次子菲爾南德 (Ferdinand) 覬覦爵位，卻死而無嗣（1737 年），凱特列爾王朝告終。

　　1730 年安娜‧伊凡諾芙娜登基為俄國女皇，1737 年庫爾捷姆貴族——安娜的寵臣愛爾恩斯特‧比龍 (Ernst Johann Biron) 成為庫爾捷姆公爵。1740 年安娜逝世，比龍被放逐至西伯利亞，庫爾捷姆常年無主，國家權力轉到由貴族代表組成的庫爾捷姆城堡委員會手中，開始為時十八年的動盪時期。1758 年在女皇伊莉莎白‧彼得羅芙娜的幫助下，奧古斯特三世之子卡爾‧薩克森獲得庫爾捷姆公爵的封號。當凱薩琳二世登上皇位時，比龍流放歸來，再任庫爾捷姆公爵（1763 年），迫使卡爾‧薩克森卸職去國。比龍以七十高齡重返葉爾加瓦，俄國軍隊和使節同行，俄國再三不斷地干預庫爾捷姆事務。部分貴族否認比龍的公爵地位，因此掌權數年後，他便傳位其子彼得‧比龍。彼得‧比龍在位時期（1769～1795 年）不斷與貴族意見分歧，被迫履行所求。國內政治的莫衷一是，磨粉工人和農民浪潮的波濤洶湧，大大地削弱公國的力量。1795 年第三次瓜分波蘭時，庫爾捷姆併入俄國，結束俄帝國兼併拉脫維亞土地的大業（1721 年維德捷姆，1772 年拉脫加爾，1795 年庫爾捷姆）。

第四節　維德捷姆（利沃蘭）

　　瑞典將其管轄內的北愛沙尼亞和希烏馬島 (Hiiumaa) 組成愛沙蘭省，將稍後攫獲得來的南愛沙尼亞和北拉脫維亞合併成利沃蘭省 (維德捷姆)，下設四縣：里加縣和采西斯縣位於今日的拉脫維亞境內，塔爾圖縣和派爾努縣 (Pianu) 則在愛沙尼亞國境之中，另外，最後納入瑞典權力之下的薩列馬島也在利沃蘭行政區內。瑞典統治時期的波羅的海，國王和騎士間關係尖銳，鬥爭頻仍，瑞典國王想將地區迅速瑞典化的企圖效果不彰，僅古斯塔夫二世‧阿道夫國王在利沃蘭頗有收穫。有別於愛沙蘭的自願臣服，利沃蘭可謂是征討得來，因此瑞典當局更決意在此搜括利益。

　　瑞典女王克莉斯汀娜（1632～1654 年）在位期間，瑞典貴族權力擴張，影響所及，女王開始在波羅的海地區慷慨地分田授地，大片土地落入瑞典貴族手中，同時利沃蘭的貴族也和愛沙蘭地主同樣享有廣大的權力和特權。

　　瑞典的對外政策與頻繁的戰爭和巨大的軍事開支密切相關。國債高築，不得不另闢財源。維德捷姆之於瑞典的經濟意義重大，比起瑞典本土，此地土壤肥沃，物產豐饒，地主種植並出售穀物，利潤豐渥，維德捷姆因此成為「瑞典的糧倉」。為了供養軍隊，增加國庫收入，瑞典議會宣佈收回領地。規定截至 1561 年前，屬於維德捷姆主教和利沃尼亞騎士團私產，後由貴族據為己有的全部土地，應交還國家。維德捷姆的貴族召開地方自治代表會，上書

陳情，抗議收回領地，但卻遭漠視。在審查維德捷姆貴族權力之後，六分之五的維德捷姆領地遭剝奪，成為國家的領地。想繼續留在自己領地的地主，降級為佃戶，被迫將自己所得的一部分上繳國庫。

在收回領地的初期，瑞典國王卡爾九世承諾將農民從農奴桎梏中解放出來，卻因農民無償地工作帶給國家豐厚的收入，以及貴族的抗議阻擾，因而食言背信。

第十五章 | *Chapter 15*

轉變時期

第一節　北方戰爭

　　十八世紀的波羅的海再度兵荒馬亂。瑞典在十七世紀躍居波羅的海霸主，此一局勢招致俄國、波蘭和丹麥的不滿。在世紀末，當瑞典權力易主時，俄國、薩克森和丹麥組成聯盟，反對瑞典。由帕特庫爾 (Johann Reinhold Patkul) 領導的維德捷姆貴族對聯盟亦暗中寄予厚望，希望藉此制止收回領地政策，要回被收回的土地。帕特庫爾被瑞典以對抗「收回領地」的罪名判處死刑，逃到薩克森，在軍中謀得一職，千方百計地挑撥後來成為波蘭國王的薩克森選帝侯奧古斯特二世參戰。

圖 29：帕特庫爾

圖 30：卡爾十二

1700 年 2 月，薩克森軍隊出其不意地攻擊里加，無功而返，揭開北方戰爭（1700～1721 年）的序幕。3 月丹麥參戰，之後俄國隨即舉兵響應。出乎眾聯盟國意料的是，新任的年輕瑞典國王卡爾十二，竟是一位驍勇善戰的英明統帥，加上兵多將廣，因此在戰爭初期瑞典連戰皆捷。8 月卡爾十二痛殲丹麥，逼使簽約求和，11 月在納爾瓦附近俄軍亦一敗塗地。1701 年里加附近的斯皮爾偉 (Spilve) 一戰，瑞典把薩克森軍隊打得落花流水。眼看俄軍潰不成軍，不足為慮，卡爾十二揮師庫爾捷姆，直搗立陶宛。在庫爾捷姆過冬，養精蓄銳後，瑞典矛頭指向波蘭，然後進軍薩克森。數年後，波蘭國王暨薩克森選帝侯奧古斯特二世不得不與瑞典簽訂和約，交出維德捷姆貴族帕特庫爾，瑞典政府終能將他繩之以法。薩克森之後，瑞典揮師討伐頭號大敵——俄皇彼得一世，經烏克蘭直指莫斯科，但在 1709 年於波爾塔瓦附近鎩羽而歸。

此後瑞典節節敗退，俄軍統帥敘列莫契夫 (Sheremetyev) 包圍里加，1710 年里加投降，維德捷姆落入俄軍之手。戰爭持續，但已在拉脫維亞之外。1721 年在芬蘭的尼什達特 (Nishtadt) 簽立和約，俄國得到維德捷姆和里加、愛沙尼亞、部分芬蘭土地和維堡。走向波羅的海，彼得一世終於打開通往歐洲之窗。

風潮。

　　受法國大革命的影響，1792 年葉爾加瓦的磨粉工人揭竿而起，隨後石工、鐵匠、陶瓷工、鞋匠響應加入，日耳曼人和拉脫維亞人並肩作戰，共同起義。12 月 13 日起義者企圖拿下葉爾加瓦皇宮，想在宮殿門前栽種「自由之樹」，直到公爵衛兵用大砲向他們開火之後，才紛紛走避。然而最使地主膽破心驚的則是 1794 年庫爾捷姆的農民起義，當起義者在 5 月 23 日攻下利耶帕亞 (Liepaja)，並宣佈廢除農奴制之時，拉脫維亞農民的情緒發展成全面的起義行動，劫獲三十處庫爾捷姆的領地。農民想要消滅地主、廢除農奴制、劃分領地、得到自由，接連不斷地燒毀地主的莊園和林地。庫爾捷姆的日耳曼政權至此似乎氣數已盡，所幸俄軍到來，無情地鎮壓起義，地主才能逃過一劫。日耳曼的地主們既無力與農民的起義纏鬥，又有俄國的承諾擔保，於是在 1795 年逼迫庫爾捷姆的末代公爵彼得‧比龍退位，將公國奉送給俄國。

　　時至十八世紀，俄國已完成將拉脫維亞土地併入版圖的事業，里加成為該地區的中心。世紀之初（1721 年）「瑞典」的維德捷姆加入俄國，而「波蘭」的拉脫加爾仍在波蘭的掌控之下。利沃尼亞瓦解後的二百一十年間拉脫加爾臣屬波蘭（1561～1772 年），在經濟關係上，拉脫加爾與波蘭的附庸國庫爾捷姆公國發展方向相同。波蘭－立陶宛的地主攫取前屬利沃尼亞騎士團和主教的領地，據為己有，留在拉脫加爾的日耳曼人迅速波蘭化。此地農民的地位基本上與在庫爾捷姆公國和波蘭的農民相同，不擁有任何權利，完全屬於地主所有。宗教改革未波及拉脫加爾，因此它仍

屬天主教國家。1772 年，在第一次瓜分波蘭之際，拉脫加爾歸入俄國。

在兼併拉脫維亞之後，俄國並未將其聯合為一，而是使其保有昔日的劃分，維德捷姆（包括拉脫維亞和愛沙尼亞的部分）成為維德捷姆（利沃蘭）省；庫爾捷姆公國改為庫爾捷姆（庫爾蘭）省。以上兩地和愛沙尼亞（愛沙蘭）省共同組成波羅的海行省，由駐在里加的總督管理。拉脫加爾先是併入普斯科夫省，隨後歸屬維捷布斯克省，咸認後者為波蘭之地，因此在此採行的法律與波羅的海行省迥然不同，以異於拉脫維亞其他地方的模式繼續發展。

第三節　農奴制度的廢除

拉脫維亞自併入俄帝國版圖之後，其農民便淪為農奴，命運全由地主操縱支配，俄國的農奴制度早已形成，農民如同奴隸般地任人買賣交易。這種情景招致農民的不滿，既無興致工作，也沒有學習農耕新技術的意願。假如從前的農民浪潮是在荒年或是戰時迸發，那麼如今農民的起義已是平常的現象。1771 年阿盧克斯內和澤爾欽尼 (Zeltini) 的農民拒不履行徭役，攜械攻擊領地，沙皇軍隊奪走農民二百四十二枝獵槍，此為拉脫維亞歷史上首次的農民武裝起義。1784 年，因增收人頭稅，亦引發農民起義。沙皇政府規定每一男子須納稅七十戈比 （俄國貨幣單位），上交國庫，農民決定和地主算帳，拒服徭役。

　　地主之間也有對立的現象，部分地主致力在自己的土地上引進新技術，建立工場手工業，投資貿易，了解農民工作意願的重要性，某些地主甚至為自己的農民制訂法律，給予特定的權利。另一部分地主堅守老舊的傳統，將農民血汗所得用之於娛樂和奢華，經常加重徭役，並且指責「新潮」地主的作為將激勵農民走向起義。

　　在自由即將到來的傳聞中，和法國事件的紛騰下，農民期待政府的詔令，賦予他們更多的權利。1802 年關於沙皇頒佈法律，賜給農民若干自由的消息傳來，農民卻大失所望，事實上政府僅是廢除贍養軍隊的雜稅，且將之併入人頭稅之中。在失望之餘，考烏古里 (Kaugur) 的農民拒絕派遣工人履行徭役，士兵逮捕肇事者，其餘農民攜石持棍，在監獄附近和士兵發生衝突，十四名農民喪命，其他地區的農民起而支持考烏古里的舉義，農民浪潮波濤洶湧。

　　當拿破崙大軍向俄國邊境逐漸接近之際，沙皇亞歷山大一世擔心紛亂的時局加劇農民的起義，於是勸導地主接受改善農民地位的法律。頒行的《維德捷姆農民法》（1804 年）僅涉及維德捷姆農民，招來維德捷姆貴族極大的不滿，維德捷姆貴族達到修改和增補法律的目的，隨意增加徭役。1812 年拿破崙大軍攻進俄國本土，部分軍隊向里加邁進。農民期待拿破崙能改善他們的處境，但是拿破崙專心軍事，無暇顧及農民的問題。為能事先得到地主的支持，法人不但強迫農民履行昔日的徭役，為了供養軍隊，還另立名目，課徵雜稅。早在十八世紀末葉，許多人已深切了解，

解決農村問題的唯一之道，只有廢除農奴制度一途。

　　波羅的海行省的農業經濟相當富裕，且規模龐大，地主賴此繁衍生息，發財致富。曾是波蘭屬地的拉脫加爾，農業經濟發達，且保存著昔日的公社制度。由於波羅的海行省和拉脫加爾的農奴制度的傳統不同，因此農奴制度的廢除也互異。1817 年起開始解放庫爾捷姆（庫爾蘭）的農民，維德捷姆（利沃蘭）的農民則在 1819 年得到解放，拉脫加爾的農奴制在 1861 年和全俄國的農奴制同時廢除。

　　1817 年 1 月 30 日有關農民解放的法律公諸於世，農民並未得到期盼多時的自由，當地主著手實施新的權利之時，農民的憤懣之情便如洪水般排山倒海而來。農民浪潮一波接著一波，饑饉接踵而至，當此民不聊生，暴亂頻仍之際，發生在歐洲的重大事件（1830 年在法國和比利時爆發革命的火花，和波蘭的起義）使沙皇另眼看待農民浪潮。在 1842 和 1845 年頒行的法律中，沙皇政府極力改善法律，以使農民接受，但風起雲湧的農民浪潮表達出農民的心聲，他們再也不能也不願活在舊時的農奴制度之中。

第十六章 | *Chapter 16*

拉脫維亞的政治運動

第一節　拉脫維亞的民族主義

　　自從法國大革命之後，民族運動在歐洲普遍興起。在法國，民族運動團結全民族抵抗外來侵略者，在德國和義大利則是促進國家的統一。民族運動的特質是民族自傲，為了培養民族自傲的情感，於是研究民族的過去，號召在民族利益的旗幟下團結一致。流風所及，民族主義的思想也開始在拉脫維亞傳播流行，拉脫維亞的民族文化因而蓬勃發展，民族自覺形成，國旗和國歌誕生。

　　十八世紀的拉脫維亞，許多受有良好教育和富裕的拉脫維亞人生活在城市之中，因城市的商業生活均以日耳曼文行之，因此許多城市的拉脫維亞人受到日耳曼的影響，接受日耳曼的傳統文化。農村的情況恰好相反，在農奴制廢除之後，農村出現殷實的拉脫維亞人，拉脫維亞語在此居主導地位，因此生活在農村的富人保有民族的文化和習俗，不願日耳曼化。

拉脫維亞民族主義的創始組織名為「青年拉脫維亞人」,其傑出的活動家是瓦爾捷馬爾斯 (K. Valdemars)、巴隆斯 (K. Barons) 和阿盧南斯 (J. Alunans)。瓦爾捷馬爾斯可謂是「青年拉脫維亞人」的奠基者,1840 年代瓦爾捷馬爾斯組織第一個拉脫維亞文化協會——「開發波羅的海協會」,旨在教育地區青年,同時他還創立拉脫維亞的首座圖書館和合唱團。與此同時,在塔爾圖許多受教育的拉脫維亞人以自己的出身為恥,只說日耳曼語,為了喚起他們的民族自覺,瓦爾捷馬爾斯在自己的門上貼著「拉脫維亞人」,以身為拉脫維亞人自傲。瓦爾捷馬爾斯擅於結合志同道合之士,巴隆斯和阿盧南斯即為其中著名者。在學生時代,他們為拉脫維亞文報紙寫作許多文章,翻譯世界名著,致力推廣拉脫維亞文字。

瓦爾捷馬爾斯認為拉脫維亞人須學習經營,謀求致富之道,他深信航向大海,拉脫維亞人必能發財致富。除了拉脫維亞文報紙外,瓦爾捷馬爾斯也在俄文報紙上發表關於航海的文章。此時的俄國,因克里米亞戰爭失敗,力困財乏,俄國政府力圖振作,促使國家現代化,其中包括艦隊革新。瓦爾捷馬爾斯提出拉脫維亞人民,甚至是農夫,都可成為海員的構想。此一構想得到康斯坦丁大公的賞識,瓦爾捷馬爾斯因此在俄國官員中深具影響力。在瓦爾捷馬爾斯的努力奔走下,1864 年在艾納日 (Ainazi) 為農民子弟成立第一所航海學校,隨後此類的學校在拉脫維亞和俄國其他地方紛紛成立。

瓦爾捷馬爾斯運用自己的影響力,在彼得堡發行報紙（1862

年創刊），團結「青年拉脫維亞人」的追隨者，提供無法在拉脫維亞自由創作的有志之士一個發表見解的天地。由於報紙對波羅的海日耳曼人挖苦嘲諷的諷刺插頁，惹惱日耳曼人，經過三年的努力，日耳曼人終於達到關閉報社的目的。此後「青年拉脫維亞人」在俄國四散飄零，阿盧南斯隨即逝世，瓦爾捷馬爾斯繼續從事航海工作，而巴隆斯則成為家庭教師，在自己生命的後半段，收集整理拉脫維亞的民族歌謠。

　　「青年拉脫維亞人」 思想的承繼者是克隆瓦爾德斯 (A. Kronvalds)。因是日耳曼人的義子，克隆瓦爾德斯得以在柏林受教育，之後在塔爾圖師範學校任職。在塔爾圖，克隆瓦爾德斯成立「拉脫維亞文學之夜」，呼籲拉脫維亞人勿在自己的語言中，借用他人的文字，而應創造拉脫維亞自己的文字。隨著時日的推移，文學之夜發展成為學生聯盟 Lettonia。為設計聯盟的徽章，當時還是學生的歷史學家揚尼斯 (G. Janis) 在《詩韻編年史》中找到拉脫加爾人曾有紅－白－紅旗幟的資料，此旗幟因而成為學生聯盟的標誌，日後則是全拉脫維亞民族的國旗。

　　「青年拉脫維亞人」是一小群志同道合者的組織，1860 年代拉脫維亞的知識分子認為有成立社會團體的必要性，以結合所有拉脫維亞的知識分子，因此在拉脫維亞的許多城市裡紛紛成立拉脫維亞社團。1868 年第一個拉脫維亞社團在里加成立，其創始人為經濟學官員吉里基斯 (B. Dirikis)、拉脫維亞首位建築師包烏曼尼斯 (J. Baumanis) 及企業主湯森 (R. Tomson)。該社團發行報紙，出版拉脫維亞第一份音樂雜誌，成立首座劇院，開設星期日學校，

旨在研習自己的歷史和其他民族的成就。1873 年社團舉辦首屆全
拉脫維亞歌唱節，卡爾里斯 (B. Karlis) 為歌唱節所寫的 「天佑波
羅的海」，後更名為「天佑拉脫維亞」，成為拉脫維亞民族的國歌。

　　1881 年，在一項陰謀中，改革的創始者——俄皇亞歷山大二
世遭到暗殺，亞歷山大三世登上皇位，決定停止改革，並以強硬
的手段鞏固俄國的政權，認為被征服的民族不應發展自己的文化，
而須與俄國融為一體 。 在執政之初 ， 沙皇派遣以曼納謝因 (N.
Manassein) 為首的委員會前往波羅的海，任務是了解管理機構的
工作情況。「曼納謝因監察」的結果，是在波羅的海實行與俄國相
同的管理系統，其中包括警察制度在內，日耳曼人的權利部分受
到限制，強制俄羅斯化時期開始。然而最重大的打擊，則是以反
對學校為出發點的措施，1887 年依法在所有學校中施行俄語，只
有神學課程能以拉脫維亞語教授。俄國政府顯然不願見到拉脫維
亞人為自己的民族所作的努力，「曼納謝因監察」迫使許多拉脫維
亞的有識之士改變自己的觀點，許多人放棄民族主義的理想，不
以教育和鞏固經濟來達到改變現狀的目的，而是成為激進學說的
擁護者，甚而號召走向武裝鬥爭。

第二節　社會主義思想的傳播

　　十八世紀末期，在英國開始工業革命，引起歐洲社會的巨大
變化，形成新的社會階級，同時也產生新的問題，其結果是：許
多思想家成為社會主義觀點的追隨者。社會主義者認為社會的所

有財富應平均分配，從而沒有富人和窮人之分。在社會主義者之中，最具影響力的是社會－民主黨人。工業革命和社會主義運動在拉脫維亞也蔚為風氣。

十九世紀初期的拉脫維亞，領地仍舊占有重要的地位。土地是財富的主要來源，其次是貿易，僅有少數人口從事此業，部分商人成立小型的企業——工場手工業，第三個收入來源是手工業。在十八、十九世紀之交，情勢急劇改觀，首先是工場手工業的飛速成長。十九世紀初，大多數的農民仍是農奴，因此工場業主必須購買農奴或是僱用臨時工人。在農奴制廢除之後，許多農民湧向城市，工場手工業因而飛快發展，成長為廣泛採用科技和僱用更多工人的工廠。

在十九世紀的一百年中，急進的變化亦見於農村，越來越多的農民購地置產，建立私有經濟。地主開設工廠和銀行，另闢致富之道。土地的租用多以金錢償付，而非用產品抵償。土地成為商品，可以自由買賣，勞力也是商品，工資也以金錢行之。所有的一切都以金錢評估，正是資本主義的本色，因此在拉脫維亞資本主義已形成，新的社會階級也產生。

如同世界各地一般，工業社會也在拉脫維亞製造出新的問題。首先是過長的工時，工廠裡的工人每天要工作十一小時以上，其次是微薄的工資，再則是惡劣的工作環境，危害工人的健康。為了爭取自己的權利，工人付諸行動，以示抗議。1899 年在里加爆發工人和警察首次的大規模衝突——「里加暴亂」，在混亂中，二十名工人喪生，工廠連續多日罷工停業，巷戰不斷，七千名士兵

進駐城內鎮壓暴亂。

　　有異於西歐各國，在俄國如里加般的大型工業中心不多，因此延遲且不願採取立法，以改善工人的處境，僅在 1896 年實施法律，限定工時。因此在工人之間日益形成一種觀念，為了爭取自身的權益，必要時非得拿起武器，鬥爭到底。

　　1880 年代，社會主義學說開始在拉脫維亞傳佈流行，此一運動稱為「新潮流」。早在 1868 年，里加拉脫維亞中學的學生貝金包烏姆斯 (E. Bejdenbaums) 曾經撰文，敘述馬克思關於土地租賃的觀點，並激烈抨擊地主。之後塔爾圖的學生社團 Pipkalonia (Пипкалония)、《每日報》(*Дненас Лапа*) 和工人組織成為「新潮流」的中心。

　　起初，沙皇政府對於「新潮流」的活動未予特別的重視，1895 年在里加爆發數起有組織的罷工行動，警察追捕組織者，經調查得知有「新潮流」人士及其支持者參加罷工，因而展開對參與「新潮流」者的查緝和迫害。許多「新潮流」者遭判刑流放，部分人士離開拉脫維亞，流亡海外。1897 年「新潮流」瓦解。

　　為了避免與當局的尖銳關係，拉脫維亞民族主義者未曾成立任何黨派，社會主義者則認為，只有黨派才能團結工人爭取自己的利益。鑑於俄國的法律不允許黨派的設立，因此社會主義者只能從事非法的活動，以達到自己的目的。1894 年《每日報》的三十位成員成立組織，並選舉史都契卡 (P. Stuchka) 為主席。在「新潮流」人士遭捕之後，組織黨派的活動雖然暫告停止，然而社會主義思想的傳播卻未曾稍歇，各種類型的社團紛紛成立，研讀和

討論西歐和俄國社會主義者——馬克思主義者的作品。到了二十
世紀初期，拉脫維亞人創立兩個社會主義黨派——「拉脫維亞社
會民主工人黨」和「拉脫維亞社會民主聯盟」。

　　1902 年里加和利耶帕亞的馬克思主義者成立左傾的「波羅的
海社會民主組織」，在葉爾加瓦的社會民主團體單獨行動，認為
「波羅的海社會民主組織」未顧及拉脫維亞民族的特質。然而隨
著時日的推移，當葉爾加瓦的領導人、「波羅的海組織」的主要反
對者，因逃避追捕，流亡海外之後，葉爾加瓦由左傾的馬克思主
義者領導，加入「波羅的海社會民主組織」。1904 年 5 月 1 日，
「波羅的海組織」和葉爾加瓦社會民主團體發表共同呼籲，1904
年 6 月 20 日在里加召開代表大會，宣佈成立「拉脫維亞社會民主
工人黨」，展開起草黨綱的準備工作，阿左爾斯 (J. Ozols) 成為黨
的領導人。

　　「拉脫維亞社會民主工人黨」認為最重要的經濟發展任務，
是消除個人私有，但在黨綱中對於如何實施此一構想，並無特別
的說明。在政治方面，支持在俄國建立民主國家。在民族問題方
面，倡議拉脫維亞民族自決，但認為其中最主要的是——工人鬥
爭，而非民族問題。對於農村的改革，並無明確的計畫。「拉脫
維亞社會民主工人黨」為拉脫維亞第一個政黨，該黨的活動在日後
拉脫維亞民族的歷史上，占有重大的意義。

　　流亡海外的拉脫維亞社會民主人士在 1903 年創立 「拉脫維
亞社會民主聯盟」，代表大會在瑞士舉行 ，瓦爾捷爾斯 (M.
Valters) 為聯盟最積極的領導人之一。在經濟發展的首要任務上，

「拉脫維亞社會民主聯盟」亦主張消除私有，但同時也聲明將成立工人蘇維埃，以管理企業。在政治方面，支持全民擁有平等選舉權的民主制度。在民族問題上，有別於左傾馬克思主義者忽視民族問題，「社會民主聯盟」挺身捍衛拉脫維亞民族的利益，認為俄帝國必須消滅，各民族建立自己的管理制度，必要時，各民族可成立類似瑞士的聯盟。至於農村改革，則倡議剝奪地主的土地，成立無田農民的合作社集體農場。

　　瓦爾捷爾斯和羅拉夫斯 (E. Rolavs) 是論及拉脫維亞未來前途者之中，第一批提出關於拉脫維亞脫離俄國，以及建立自主的拉脫維亞國家構想的人士。此一構想，逐漸為海內外的拉脫維亞獨立社團和組織所接受和支持。

第十七章 | *Chapter 17*

革命和戰爭

第一節　1905～1907 年的革命

　　當社會問題無法以和平之道解決的時候，便開始革命。當時的俄帝國已是千瘡百孔、窮途末路，卻千方百計地說服人民，相信俄國仍是歐洲強權之一。克里米亞戰爭的潰敗，使人民的信念受到嚴重的打擊，尤其是日俄戰爭慘敗之後，沙皇政權在經濟和政治系統上所有的弱點暴露無遺，人民的信念徹底破滅。如今俄國人民已確信俄國的退步落伍，要求政府實行大刀闊斧的改革。

　　彼時革命人士所欲達到的目的如下：

　　1.政治目的：制訂民主政權。俄帝國是歐洲在二十世紀初尚未設有議會的少數國家之一，僅城鄉的管理機構由選舉產生，法律的制訂和施行全由沙皇一人獨斷。在俄國沒有確定市民政治權利的法律，不能成立政黨，社團的組成須經官員的特別允許。以上的弊端，同時也使經濟的發展滯礙不前。

2.民族目的：維護各民族的權利。在俄帝國內居住著百餘個民族，其中只有波蘭和芬蘭擁有較廣的權利，雖然在名義上，這兩地被併入俄國，但是俄國經常不與波蘭人和芬蘭人計較權利。在拉脫維亞，所有的經濟權力掌握在日耳曼人的手中，學校裡主要以俄文授課，日耳曼和俄國的語文及傳統主宰此地的經濟生活。

3.社會目的：立法保障工人和農民的利益。歐洲的許多國家在十九世紀末葉已立法改善工人的生活，限定工時，確定退休金和補助金。在俄國，類似法律的實行遲緩拖延。農村中也存在著對立的現象，許多地主定下昂貴的土地租金，且經常干擾贖買土地，某些地方甚至還保存徭役的惡習。

1905 年 1 月 9 日（俄曆，西曆為 22 日），俄國爆發革命，神甫戈彭在彼得堡組織示威遊行，目的在向沙皇呈交請願書。當遊行隊伍向皇宮走近時，士兵突然向民眾開槍。此一在歷史上稱為「血紅星期天」的流血事件，在彼得堡造成一千人喪生，約三千人受傷，殘酷無情的射殺行為，在全俄國引發前所未有的憤慨和仇恨，高喊武裝鬥爭，反抗專制。許多工業城市反應激烈，工人展開全國大罷工，風潮波及拉脫維亞。1 月 12、13 日，在里加五萬名工人罷工抗議，演成示威大遊行。為阻止民眾走近省長官邸——里加城堡，士兵嚴陣以待，雙方發生衝突，在毫無預警的情況下，士兵開槍，結果約七十名工人喪命，約二百人受傷。

拉脫維亞的革命活動可分為三個階段：抗議階段、組織階段、反動階段。

1.抗議階段：在這一階段遊行和罷工持續，若以前的罷工是

各個工廠單獨行動，現在則是全城甚至全區所有工人集體參與，提出共同要求。農村也感染到罷工的氣氛，社會民主人士下鄉造勢，發表激昂言論，高唱革命歌曲，引燃動亂的情緒。1905 年10 月 17 日，沙皇頒佈詔書，承諾建立選舉議會——國家杜馬，制訂法律，同時允諾賦予人民自由。然而在詔書中同時也預先規定，議會採行的法律，只有經過沙皇的批准後方能生效。部分革命人士認為，國家杜馬的權力將受限制，沙皇不會信守人民自由的諾言，因此繼續鬥爭事業。

　　2.組織階段：沙皇政權和地主們日趨訴諸武力，因此革命人士必須組織起來。10 月，革命者開始建立各類組織和聯盟，繼續革命活動。1905 年 11 月 19 日，在里加成立維德捷姆、庫爾捷姆和拉脫加爾代表大會，決議在全拉脫維亞成立行動委員會，以及人民警察支隊，要求取消省制，統一全拉脫維亞土地為單一的區，希望在俄國實行民主體制，而新成立之統一的拉脫維亞在民主俄國中擁有自由。

　　3.反動階段：1905 年 12 月，在莫斯科的俄國革命者發動武裝鬥爭，但因其他城市未予支持，沙皇政權敉平動亂。在這些事件之後，沙皇展開對革命人士的鎮壓，拉脫維亞亦為其鎮壓的對象。1905 年底，增補的軍隊已開進拉脫維亞，討伐軍隊對革命人士的血腥迫害，引起許多國家的抗議，沙皇政府只得以戰地法庭取代討伐軍隊。戰地法庭表面上雖然審理革命人士的罪行，但是最後的判決不是槍決，便是流放西伯利亞。

　　在討伐軍隊的鎮壓之下，革命人士遁入森林之中，成立戰鬥

支隊——「林間兄弟」給予反擊。在各個城市之中，社會民主組織的抗爭活動持續不斷。總計在革命期間約三千名拉脫維亞人喪命，約五千人去鄉離國。

《十月十七日詔書》確實給予俄國人民許多自由和第一個國家議會——杜馬，因此合法的政黨和各類社團紛紛在俄國成立。然而在國家杜馬選舉之後，《十月十七日詔書》的缺失隨即暴露。沙皇可任意解散杜馬，長時間不舉行重新選舉，杜馬無權過問沙皇政府的工作。首屆杜馬在議員提出組閣要求時，遭到沙皇解散。1907 年 6 月 3 日，沙皇以第二屆杜馬當選的代表不合其意，指責議員準備發動政變，再度解散杜馬。

拉脫維亞人雖在選舉期間開始組織各類政黨，但因明白自己在俄帝國影響力的微不足道，因此以加入觀點相同的俄國政黨來實踐自己的理想。革命遭到殘酷鎮壓，社會民主主義者變得更加激進。「拉脫維亞社會民主工人黨」在革命期間改組，加入由列寧領導的「俄國社會民主工人黨」。列寧強調，改變社會只有革命一途，工人應奪取政權，實行專政。「拉脫維亞社會民主聯盟」也改弦更張，更名為「社會革命黨」，部分成員提出應實行恐怖行動，反對沙皇政府。

第二節　第一次世界大戰

1914 年 7 月 28 日歐洲爆發第一次世界大戰，協約國和同盟國兩大陣營對立，戰爭結果，四大帝國垮臺：俄帝國、奧匈帝國、

德意志帝國和鄂圖曼帝國，東歐出現許多獨立國家。

1914 年 8 月德國向俄宣戰，俄帝國參戰。俄國計畫經過東普魯士進攻柏林，庫爾捷姆省既與東普魯士接壤，拉脫維亞因此在此計畫中占有重要的地位。對德國而言，直通俄京彼得堡的最短捷徑是——經過里加。

俄國在戰爭初期雖頗有斬獲，但因事前未曾認真備戰，旋即沙皇的軍隊便敗戰連連。1915 年春天，德軍攻進拉脫維亞，為了不淪陷在侵略者的統治之下，許多庫爾捷姆和則姆加爾人民離開家園，開始拉脫維亞歷史上最為悲壯的難民時期。

戰爭伊始，徵召加入俄軍的拉脫維亞士兵便以高昂的戰鬥意志和驍勇善戰，有別於其他軍隊。拉脫維亞的社會活動家建議俄國政府將其組織成為拉脫維亞人民部隊，以對抗德國侵略者，捍衛自己的家園。經俄政府首肯之後，開始登記志願軍，編組拉脫維亞步兵營。大戰期間，拉脫維亞步兵數度攻城陷地，屢敗德軍，卻因俄國將領督戰無方，以及俄國士兵的渙散退卻，不僅功敗垂成，並且損失慘重。1916 年耶誕節和次年 1 月的浴血鏖戰，由於計畫輕率，以及領導者昏昧，導致拉脫維亞步兵死傷無數。凡此種種，激起拉脫維亞士兵和人民對俄國將領和沙皇制度，甚至是尼古拉二世的仇恨和鄙夷。各種學說的社會主義宣傳者因此得以大張旗鼓，普及影響，其中尤以布爾什維克最具勢力。

拉脫維亞社會對第一次世界大戰的評價分歧，民族主義者認為，拉脫維亞應支持俄國，只有如此拉脫維亞未來才能在俄國的版圖內獲得廣大的自主。拉脫維亞和俄國的社會民主人士則強調

應將戰爭轉變成革命，以推翻沙皇政府，建立無產階級專政。

　　戰爭證明俄帝國的式微，因戰爭的緣故，俄國喪失許多重要的土地——工業重鎮的波蘭，以及重要糧倉烏克蘭的大部分。軍中的武器和糧食經常匱乏，城市中無業遊民增多，戰爭的龐大損失使人民憤恨至極。1917 年 2 月 27 日，彼得堡在一連幾天沒有麵包供應後爆發革命，沙皇軍隊倒戈相向，與民眾聯手，占據多所政府機構。國家杜馬決議將政權轉移到由杜馬組織的臨時委員會手中，與此同時，左傾黨團的代表也成立另一統治機構——「工人暨士兵代表蘇維埃」，志在奪權。1917 年 3 月，尼古拉二世退位，綿延多個世紀的俄帝國終告結束。

第十八章 | *Chapter 18*

獨立之路

第一節　共產黨和德國角逐拉脫維亞

　　1917 年二月革命後的俄國陷入一片混亂，國家杜馬掌握權力，成立臨時政府，宣佈即將召開立憲會議，制訂未來國家的憲法。然而大多數工人不相信承諾，開始在鄉村、城市、軍事單位等地成立蘇維埃，形成「雙政權」的局面，臨時政府的決定，必須經過蘇維埃的確認方可生效。

　　拉脫維亞未來的命運，由三個政治勢力的鬥爭所決定：波羅的海德國人、拉脫維亞民族主義者和共產主義思想的擁護者。

　　1.波羅的海德國人：波羅的海德國人在「雙政權」時期企圖培養政治勢力，以保障自身的利益和財產。在德國殖民政策下遷入拉脫維亞的德國企業和人民，助長德人的氣焰。

　　2.拉脫維亞民族主義者：這一勢力由拉脫維亞知識分子和中產階級組成，在 1917 年二月革命之後繼續支持合理管理的經濟理

念。他們先是聚集在難民委員會，稍後則是在地區委員會。1917
年 11 月底，地區委員會的代表在瓦爾卡 (Valka) 召開會議，聲明
拉脫維亞為一自主國家，其命運由俄國立憲會議和全民投票決
定。曾經成立「拉脫維亞臨時民族委員會」，全權代表拉脫維亞全
體人民。

　　3.共產勢力：共產主義者仍舊擁護無產階級專政的思想。起
初，共產主義者參與地區委員會的活動，後因無法取得領導權，
便自行成立工人、士兵、無田農民蘇維埃。

　　在俄國，混亂的情勢持續升高，爭權奪利的鬥爭激烈殘暴。
1917 年 10 月 25 日 （新曆 11 月 7 日），布爾什維克推翻臨時政
府，宣佈權力落入工人階級手中，即將建立無產階級專政。在未
被德軍占領的拉脫維亞土地上 ， 共產黨亦決定奪取政權 。 早在
1917 年 4 月，效忠共產黨的蘇維埃代表大會在瓦爾米耶拉召開，
成立工人、士兵暨無田農民聯合蘇維埃。列寧政變後，11 月 8 日
和 9 日蘇維埃在瓦爾卡召開，宣稱政權在握，成立名為「工人、
士兵暨無田農民代表蘇維埃執行委員會」的政府，社會民主者拉
日尼什 (F. Rozins) 成為其領導人。

　　大多數拉脫維亞步兵支持共產黨，痛恨所有與舊體制相關的
一切事務，許多人接受列寧政府，希望迅速召開立憲會議，制訂
民主憲法。反對列寧者寄望在立憲會議中獲得多數席位，以圖有
所作為，列寧則深信布爾什維克將奪得多數。然而在希望落空之
時，列寧便下令驅散民選的立憲會議，逮捕多位議員。剛在俄國
萌芽的民主議會國家曇花一現，開始布爾什維克的獨裁政權，共

產專政在俄國確立。

　　列寧政府自知無力繼續戰爭，決定締約求和。在延宕多時之後，《布列斯特和約》終於在 1918 年 3 月 3 日簽字，為了保全政權，列寧將拉脫維亞割予德國。

　　在德蘇簽訂的《布列斯特和約》中，除了許多重要的條件外，還對俄國提出放棄立陶宛、拉脫維亞、愛沙尼亞和芬蘭的要求。在和約中拉脫維亞未被視為統一的民族國家，庫爾捷姆和則姆加爾直接受德國的統治，維德捷姆和愛沙尼亞在俄軍撤離之後，可自己選擇歸屬何國，而拉脫加爾則被承認為俄國的土地，德軍可駐留該地，直到和約徹底簽訂和俄軍復員為止。蘇俄公開聲明，放棄國際承認之帝俄對拉脫維亞民族未來命運的決定權。除了拉脫加爾之外，拉脫維亞不再是俄國的土地。

　　德國以及波羅的海的德國貴族企圖利用此一局勢擴展自身的利益。在戰爭的第一階段，當德軍占領庫爾捷姆和則姆加爾之際，德國僅想殖民該地。然而在奪得里加之後，便產生將拉脫維亞和愛沙尼亞併入德意志帝國的念頭。為了達成目的，必須得到當地人民——拉脫維亞人的支持，占領當局因此成立所謂的「地區委員會」，由各階層的人民代表參與其中。在「地區委員會」的八十個成員中，拉脫維亞人僅有二十七位。表面上拉脫維亞的命運似乎由德人和拉脫維亞人共同決定，但事實上所有經投票決定的問題，都以德人的利益為優先考量。

　　1917 年 9 月 5 日在葉爾加瓦舉行的第一屆　「地區委員會」中，德國占領區領導提議將庫爾捷姆以擁有部分自主權之國家的

性質併入德國，成立庫爾捷姆公國，並請求德國的統治者威廉二世 (Wilhelm II) 接受公國的全權。

《布列斯特和約》給予德國擴展殖民地的可能性，不僅將庫爾捷姆納入德國的管轄之中，更覬覦波羅的海東岸的所有地區，進而建立完整的波羅的海公國。為了實現此一構想，以庫爾捷姆為例，在維德捷姆和愛沙尼亞也成立「地區委員會」。與此同時也產生將拉脫加爾併入波羅的海公國的想法，據《布列斯特和約》，拉脫加爾仍屬俄國，德國決定利用民族自決的權利，根據 1917 年 5 月和 12 月拉脫加爾議會決議脫離維捷布斯克省，以及統一全體拉脫維亞人民的決定，將拉脫加爾劃歸波羅的海公國。然而德國的計畫終究無法實現，在西方戰場上的潰敗，招致德國人民普遍的不滿，1918 年 11 月 8 日威廉二世被迫退位去國，11 月 11 日德國承認戰敗，結束第一次世界大戰。

第二節　「三政權」時期的拉脫維亞

在德國宣佈投降之後，拉脫維亞的社會活動家明瞭，建立獨立拉脫維亞的關鍵時刻已經降臨。隨著德國的戰敗，《布列斯特和約》也同時失去效力，蘇俄將以拉脫維亞曾是俄國的一部分，再度接收拉脫維亞的土地，置於自己的控制之下。1918 年 11 月 17 日，拉脫維亞八大最具影響力的政治黨團代表在里加集會（其中包括民主集團和拉脫維亞臨時人民委員會），一致決定成立新的黨代表聯合──「拉脫維亞人民委員會」，宣佈在立憲會議召開之

前，該委員會為拉脫維亞唯一的最高權力機構，授權烏爾曼尼斯 (K. Ulmanis) 籌組未來國家的臨時政府。1918 年 11 月 18 日，在里加的人民劇院隆重宣佈建立新的拉脫維亞共和國。

在宣佈獨立之後，他們隨即為建立獨立國家展開奮鬥，奮鬥的過程可分為三個階段。

第一階段：德國爆發革命，蘇俄宣佈廢止《布列斯特和約》。1918 年 12 月 4 日新的拉脫維亞政府在莫斯科迅疾成立，指派拉脫維亞共和國的頭號反對者史都契卡為領導人。此外，為使紅軍得以名正言順地開進拉脫維亞，蘇俄捏造藉口，謊稱「由拉脫維亞人民委員會成立的臨時政府，在烏爾曼尼斯的領導下向德軍出賣拉脫維亞」。遵從共黨的指令，拉脫維亞所有的城市、鄉縣的布黨組織，在數日內開會作成支持蘇維埃拉脫維亞臨時政府的決定，並要求紅軍協助拉脫維亞人民自德國占領軍獲得解放，擺脫烏爾曼尼斯資本主義集團的控制。如此一來，藉口拉脫維亞人民的「意志」，蘇俄政府便可以「合法」地派遣軍隊進駐拉脫維亞。

12 月 17 日史都契卡領導的蘇維埃政府公佈宣言，聲稱自即日起推翻拉脫維亞人民委員會之臨時政府，權力落入由工人、無田農民和步兵組成的政府手中，成立「拉脫維亞蘇維埃共和國」。1918 年 12 月 22 日，蘇維埃政府進駐瓦爾卡，翌日列寧簽署命令，承認拉脫維亞蘇維埃共和國的獨立地位。

1919 年 1 月 13～15 日，第一屆工人、無田農民暨步兵代表蘇維埃大會在里加召開，通過憲法，並在該憲法之第二條款中明確規定：「拉脫維亞社會主義蘇維埃共和國全盤接受俄羅斯社會主

義聯邦蘇維埃共和國憲法的基本條例。」如此一來，獨立的拉脫
維亞蘇維埃共和國便完全處在蘇俄的控制之下。

　　烏爾曼尼斯政府及拉脫維亞共和國軍隊退至利耶帕亞，繼續
鞏固政權。臨時政府與波羅的海的德國貴族、德國政府之代表的
關係日益尖銳。烏爾曼尼斯遍訪諸國，與協約國的接觸愈趨密切，
獲得其在政治和財政上的支持。此一努力，招致德國的不滿，認
為拉脫維亞應成立與德國密切合作的政府。為加強地區德國人的
影響力，德國要求變更臨時政府的組織，將若干波羅的海德國貴
族的代表納入其中。早在 1918 年 11 月 26 日德國便承認拉脫維
亞臨時政府為主要的統治機構，僅對拉脫維亞人民委員會負責。
為了不違背此一前提，須另謀他道，建立聽命德國的臨時政府。
1919 年 4 月 16 日，德國在利耶帕亞進行政變，宣佈推翻烏爾曼
尼斯政權，成立新政府，指派尼葉德拉 (A. Niedra) 為總理。

　　1919 年 5 月，在拉脫維亞形成異乎尋常的局勢——在一個國
家的土地上三個政府鼎立——由烏爾曼尼斯所領導的臨時政府，
受到拉脫維亞多數政黨的支持，且日漸得到人民的肯定，並為英
國所承認；史都契卡的布爾什維克蘇維埃政府，起初廣受各階層
民眾的支持，後來民心紛紛背離，只有蘇俄承認它的地位；尼葉
德拉政府基本上無人追隨，以德軍為其後盾。

　　在新政府的名義下，德國繼續對共產黨用兵，5 月 22 日攻下
里加，史都契卡政府播遷至列澤克涅 (Rezekne)。

　　第二階段：西方國家期待德軍進攻拉脫加爾，將共產黨趕出
拉脫維亞。然而德軍卻掉頭向愛沙尼亞挺進，其目的昭然若揭——

占領波羅的海諸國。在愛沙尼亞和拉脫維亞的合力之下，德軍被迫退至道加瓦河左岸，烏爾曼尼斯政府重返里加。

根據和平條約，德軍應撤出拉脫維亞，然而德國決定利用俄國的政治情勢，宣佈將與列寧政府鬥爭到底，德國的目的一如往

圖 31：第一、二次世界大戰期間獨立的拉脫維亞

常──在波羅的海奪權。1919 年 11 月 3 日，拉脫維亞軍隊展開
決定性的攻擊，接近 12 月，德軍被趕出拉脫維亞。

　　第三階段：德軍潰敗後，僅剩拉脫加爾不在拉脫維亞政府權
力之下。拉脫維亞和波蘭締約，在兩國軍隊的合作下，從共產黨
手中解放拉脫加爾。1920 年 8 月 11 日，蘇俄永久承認拉脫維亞
為獨立共和國。

第三節　國際承認

　　拉脫維亞民主共和國成立之後，為使國家能順利發展，首要
的課題是 ， 謀求國際的承認 。 戰後歐洲各國的政治由協約強國
（英、法）和美國左右支配，對於拉脫維亞的獨立並不急於承認，
如此的政策原因多端，舉其要者如下：首先是，西方國家支持企
圖推翻列寧政權的前沙皇將領。因俄國曾是協約國成員，因此西
方國家關心的是帝俄的復辟，而非其疆域內獨立國家的建立。其
次是，在一次大戰前後，協約國借給俄帝國和沙皇將領巨額貸款，
當然希望索回外債。然而當沙皇將領的部隊在俄國潰不成軍，而
拉脫維亞又與蘇俄締約之際，西方國家確信，帝俄已成歷史，不
復存在。1921 年 1 月 26 日，經過長期的談判，英、法、義和日
本共同決定，承認拉脫維亞獨立，隨後美國（1922 年 7 月 18 日）
和國際聯盟（1921 年 9 月 21 日）亦給予承認。

第四節　獨立的拉脫維亞共和國

在宣佈獨立之後，拉脫維亞的管理工作由烏爾曼尼斯領導的臨時政府，以及查克斯捷 (J. Chakste) 為首的人民委員會擔當。由於此二管理機構並非選舉產生，只是某些黨團代表的組成，所以尚不能稱之為民主體制。由人民選舉產生的立憲會議自 1920年 5 月 1 日起開始運作。

圖 32：拉脫維亞的獨裁者
烏爾曼尼斯

議會是最高的立法機構，經由全體公民平等、直接、祕密和比例選舉產生，議員選舉總統，批准總理的任命。議會設席一百，主席一人，當國家元首不能視事之際，由議會主席代行總統的職務。

1934 年新政府建立，烏爾曼尼斯擔任內閣總理，在要求議會擴大政府首腦權力，遭到議會拒絕之後，烏爾曼尼斯著手準備政變。1934 年 5 月 15 日，地方武裝部隊占領重要的國家機構，逮捕包括社會民主黨人在內的黨派領導。翌日清晨，烏爾曼尼斯發表電臺演說，宣稱敵人將奪取政權，因此解散議會，宣佈國家處於緊急狀態。在議會停止運作期間，符合憲法第八十一條款，今後法律將由內閣通過實施。名義上，憲法並未遭到廢止，在自己的前幾次演說中，烏爾曼尼斯甚至承諾改進憲法。於是展開為期

六年的烏爾曼尼斯統治時期，開始時他任職總理，自 1936 年起則是共和國總統。

　　世人對烏爾曼尼斯的評價各異。烏爾曼尼斯消滅剛建立的民主體制和傳統，在人民心中塑造出領袖的形象，人民因而習慣於等待偉大領袖來改善生活，而非發揮自己的才智去創造生活。鞏固拉脫維亞民族的施政，有助於民族意識的提升，同時也限制其他民族的權利。烏爾曼尼斯最大的成就在經濟方面，國民所得由共和國前幾年的八百六十五元拉脫，在烏爾曼尼斯執政末期增加到一萬二千拉脫。復甦工業，穩定社會，創造工作，消除失業，因此烏爾曼尼斯年代是拉脫維亞經濟的富足安康時期。

第五節　第二次世界大戰

一、蘇聯占領下的拉脫維亞

　　1939 年蘇聯和德國交好，此時的德國在征服奧地利和捷克斯洛伐克之後，下一個目標即是波蘭，蘇聯既是俄帝國的繼承人，當然對波蘭的命運倍加關注。1939 年 8 月 23 日，德蘇外長里賓特洛普 (J. Ribbentropp) 和莫洛托夫 (V. Molotov) 在莫斯科簽署《莫洛托夫－里賓特洛普條約》，以及補充條約的《祕密議定書》，私下瓜分東歐。根據《莫洛托夫－里賓特洛普條約》，希特勒讓與蘇聯芬蘭、愛沙尼亞、拉脫維亞、波蘭東部和羅馬尼亞的部分土地　（在 9 月 28 日的補充條約中，　立陶宛亦劃入蘇聯的勢力範

圍），史達林則承諾不干涉納粹德國在東歐的軍事行動，作為交換。拉脫維亞因此落入蘇聯的勢力範圍，被捲入世界大戰的漩渦之中。

1939 年 9 月 1 日，德國進攻波蘭，第二次世界大戰爆發。遵守《祕密議定書》，蘇聯部隊也入侵波蘭（9 月 17 日），波蘭腹背受敵，無力抵抗。在擊潰波蘭之後，蘇聯積極行動，以奪取波羅的海三國和芬蘭的政權。1939 年 10 月 5 日，蘇聯迫使拉脫維亞簽署關於設置軍事基地的條約，約三萬名蘇聯部隊進駐拉脫維亞，其數目超過拉脫維亞軍隊的人數。但因彼時的蘇聯正忙於和芬蘭作戰，無暇過問拉脫維亞的內政，戰火暫未燃及拉脫維亞。

1940 年 6 月 17 日，增補的紅軍駕著坦克開進拉脫維亞，卻非開向軍事基地，而是直取重要的政府機關。烏爾曼尼斯成為階下囚，被迫交出政權給莫斯科一手操縱的新政府。為了製造民主假象，蘇聯主導拉脫維亞的議會選舉（7 月 14～15 日），偽造結果，言聽計從的人民議會宣佈在拉脫維亞成立蘇維埃政權，請求蘇聯將拉脫維亞納入版圖之中。7 月 21 日烏爾曼尼斯被遣送出國，其職由基爾漢什契尼斯 (A. Kirhensteins) 取而代之。8 月 5 日基爾漢什契尼斯率團前往莫斯科，拉脫維亞正式成為蘇聯的一員，獨立的夢想破滅。

共產黨開始在拉脫維亞施展恐怖手段。在蘇維埃政權確立的第二天，烏爾曼尼斯即遭驅逐，許多拉脫維亞的社會活動家、政治人物和軍界人士遭到逮捕，被流放到蘇聯邊遠地區的集中營，從事苦役，或是遭槍決。1941 年 6 月 14 日開始大規模地驅逐拉

脫維亞人民,包括小學生、嬰兒以及老弱殘疾,萬餘人被趕出家
園,驅往西伯利亞。

拉脫維亞在蘇聯的占領下,經濟被完全改建,以符合蘇聯人
民經濟的要求和法律的規定。企業收歸國有,在鄉村,殷實農民
的土地遭到剝奪,分配給無田農民,形成許多小型農戶。政府以
半價收購定量的農產品,並課以重稅,農民的幾畝薄田尚且不夠
支付政府的雜捐,遑論養家餬口。之後為了生存,這些農戶不得
不合併,組成第一批的集體農場。

二、德國占領

德蘇的關係在 1941 年緊張尖銳 。 蘇聯在蘇─芬戰爭中的失
利,使希特勒確信:繼波蘭崩潰之後,德國可以毫無阻攔地向蘇
聯擴充領土。1941 年 6 月 22 日凌晨,希特勒軍隊越過蘇聯邊界,
直指莫斯科。7 月 1 日德軍進入里加,到了 7 月 8 日已占領拉脫
維亞的全部土地。拉脫維亞淪為德國的占領地,為時三年有餘。

許多拉脫維亞人熱烈歡迎德軍的到來,視其為共產黨恐怖主
義的解放者,期待希特勒准許恢復拉脫維亞的獨立,建立民族武
裝力量。在德國政權到來之前,拉脫維亞許多地方的官員紛紛返
鄉復職,並在里加成立「拉脫維亞組織中心」,極力重建拉脫維亞
政府,整頓軍隊,然而德國卻別有用心。7 月 8 日德軍指揮禁止
所有地區的自衛組織活動,排斥拉脫維亞的民族象徵──紅白紅
國旗和國歌,不承認拉脫維亞為獨立國家,僅視其為被占領的蘇
聯土地。史達林的恐怖活動為希特勒所取代,兇狠的納粹分子殘

害七萬多名拉脫維亞猶太人，以及數以千計由其他國家運來的猶太人。德國宣稱其目的在於保障亞利安人的生存空間，其他非亞利安族的波羅的海人民，根據德國的東部地區特別計畫 (Ost)，應予以消滅，或是德國化。

　　1944 年夏，蘇維埃軍隊再度接近拉脫維亞邊境，從三方包圍德軍。10 月 13 日蘇軍拿下里加，共產政權重返拉脫維亞首都。當戰爭接近尾聲之際，德軍固守在庫爾捷姆，蘇軍從三面將之團團圍住，西面則是一片汪洋，形成「庫爾捷姆大包圍」，愛國的政治人士和士兵企圖在此重建拉脫維亞的軍隊和政府。蘇維埃軍隊無法奪取庫爾捷姆，雙方的軍事行動持續，直到 1945 年 5 月 8 日德國全面投降方告結束。

第十九章 | *Chapter 19*

從淪陷到重獲自由

第一節　共產制度下的拉脫維亞

在第二次世界大戰之後，拉脫維亞再次被納入蘇聯的版圖之中。與蘇聯共同對抗德國的同盟諸國，雖然公開指責蘇聯占領拉脫維亞的惡行，卻未能採取任何行動，以使拉脫維亞重獲獨立。拉脫維亞人民期盼在戰後的國際會議上，西方國家能提出拉脫維亞的問題；當西方國家和蘇聯的關係緊張對立，開始冷戰之際，又寄望西方國家能將蘇維埃軍隊逐出東歐，然而這兩個希望卻雙雙落空。至此，拉脫維亞人民徹底醒悟，自己的問題只有靠自己去解決。

戰後在歐洲約有二十萬名拉脫維亞難民，蘇聯要求西方國家強制遣返難民，遭到拒絕。之後難民獲准移民到英、美、加和奧地利，一些難民流落到荷、比、法、委內瑞拉，部分人士則留在德國。在異地安居落戶之後，一旦有機會，拉脫維亞人便成立自

己的組織、社團，出版書刊、雜誌，舉辦文化活動，開辦星期天
學校，使下一代能學習自己的語言。1955 年數個拉脫維亞組織聯
合為一，成立「全世界自由拉脫維亞人民聯盟」(PBLA)，與拉脫
維亞共和國各駐外使館同心協力，不斷提醒西方國家對拉脫維亞
命運的關注，舉辦各種抗議蘇聯的活動。

圖 33：蘇聯時期的拉脫維亞

　　緊隨紅軍之後，共黨和蘇維埃的工作人員也來到拉脫維亞，目的在迅速重建蘇維埃政權，對當地居民採行強橫手段，再次消滅私人財產，強制土地所有人繳納大批糧食，並課徵重稅。蘇維埃政權的種種無理行徑，招致部分拉脫維亞人的積極反抗，組成民族游擊隊，武裝對抗蘇維埃政府。

　　蘇聯占領時期，拉脫維亞的正式國名為「拉脫維亞蘇維埃社會主義共和國」(Latvian SSR)，共產黨堅稱拉脫維亞為一獨立國家，自願加入蘇聯。Latvian SSR 擁有所有獨立國家應具的象徵——憲法、國旗、國徽、國歌，然而這些象徵都是由莫斯科認定，不經全體人民討論逕自採用。蘇維埃的選舉給予人們 Latvian SSR 為一民主國家的假象，共產黨有權推舉蘇維埃候選人，在選舉之中，永遠只有一份由共產黨編列的名單，別無選擇。不久之後，在 Latvian SSR 的憲法中明文規定，領導的角色不屬於蘇維埃，而是由共產黨控制支配。

　　為了控制人民，共產黨雙管齊下：塑造關心工人的假象，實行恐怖鎮壓。共產黨既是以馬克思的無產階級革命為基礎，因此堅稱蘇聯的權力掌握在工人的手中，確信所有的施政均符合工人的要求和利益，造成一種關心工人階級的假象。另一方面，共黨則是利用國家安全委員會 (KGB) 或肅反委員會　（契卡）　迫害異端。開始於第一次占領時期的驅逐行動❶，在戰後仍舊持續。

---

❶　首次大規模驅逐拉脫維亞人的行動發生於 1941 年 6 月 14 日，共約二萬人受難。

1949 年 3 月 25 日，約四萬三千名拉脫維亞人被驅逐到西伯利亞。

1953 年 3 月史達林逝世，此後非拉脫維亞裔領導人的影響力在拉脫維亞日益式微。1956 年蘇聯新領導人赫魯雪夫在第二十屆蘇聯共產黨代表大會上揭發史達林主義的罪行，倖存的流放人士得以重返家園。

1950 年代末期，部分共產黨員試圖在蘇聯的體制內，為拉脫維亞爭取更多的自主權；研擬方案，發展拉脫維亞的經濟，以符合拉脫維亞人民的利益；黨政的領導職位，盡量由拉脫維亞人擔任，企業領導人和黨的書記必須通曉拉脫維亞語；極力限制來自蘇聯其他共和國的外來人口。此一改革的支持者，稱為民族共產黨人。1959 年民族共產黨人被開除革職，部分人士被派往拉脫維亞以外的地區工作。自此以後，莫斯科對當地黨的領導日益不信任，重要的職位都由來自莫斯科的代表充當，第二書記一職，只有和拉脫維亞素無淵源者方可擔任 ，且須監視第一書記的言行舉動。

共黨繼續自帝俄時代即已展開的俄國化政策，關閉少數民族的學校，僅以俄文或拉脫維亞文教學，希望藉此將居住在拉脫維亞的少數民族與俄民族迅速同化。甚至是拉脫維亞的經濟，也被利用來實現俄國化，在拉脫維亞建立某些企業，其資源、勞力和專家均需外借，因此號召蘇聯各地的人民前往拉脫維亞工作，展開將蘇聯其他共和國的工人大規模遷徙到拉脫維亞的計畫。

第二節　共產體制的崩潰

　　共產黨統治拉脫維亞五十餘年，1980～1990 年代之交，共產制度出現危機，蘇聯因而垮臺，拉脫維亞始能重建獨立國家。

　　共產制度腐朽僵化，人心厭倦，危機籠罩蘇聯各地，原因不外下列數端：工人缺乏工作興趣，指揮式的經濟體系，物資缺乏，對當地製造品喪失信心，龐大的軍事支出，以及俄國化的沙文主義。蘇聯當局採取不同的方法，研擬各種方案，力圖拯救形勢。1985 年，共產黨的末代領導人戈巴契夫掌權莫斯科，卯盡全力亟思挽救共產主義，實行「改革」和「公開」的政策。

　　「公開時期」的拉脫維亞，1987 年夏，民族愛國團體「赫爾辛基–86」呼籲人民在 6 月 14 日——首次大規模驅逐拉脫維亞人的紀念日（1941 年）前往勝利紀念碑獻花，紀念史達林恐怖惡行的犧牲者，從此開始反對蘇維埃政權的群眾行動。爾後「赫爾辛基–86」雖被視為反蘇維埃的組織，多位領導被捕並驅逐出境，然而民族愛國團體並未因此中止活動。1988 年 6 月 20 日成立第一個政治組織——「拉脫維亞民族獨立運動」，目的在為拉脫維亞的獨立而奮鬥。1988 年 6 月，作家、藝術家、作曲家等創作協會積極展開政治活動，召開全體會議，呼籲國家保衛拉脫維亞語和拉脫維亞人民的權利。在詩人兼新聞工作者阿沃慶什 (V. Avotinjsha) 的提議下，決定成立「拉脫維亞人民陣線」，1988 年 10 月 7～8 日在里加召開首屆代表大會，提出在蘇聯體制內，賦

予拉脫維亞廣大權力的要求。後來由於蘇聯否定波羅的海民族對獨立自主的嚮往,「拉脫維亞人民陣線」改變最初的綱領,日益喊出拉脫維亞完全獨立的心聲。

　　「拉脫維亞人民陣線」和蘇聯其他共和國的類似組織決定與戈巴契夫一刀兩斷,因為後者只求改善共產主義,而非將之消滅,甚至將蘇聯的管理制度複雜化,以圖拖延議案的審理。雖然以蘇聯人民議員代表大會取代最高蘇維埃,但會中僅是長篇大論,少有嚴肅的決定。為了制止「拉脫維亞人民陣線」影響力的擴大,共產黨特別糾合舊體制的支持者,成立「國際陣線」,以資對抗。如此的政策招致負面的結果,蘇聯人民追求獨立的呼聲日益高漲。在第二屆「拉脫維亞人民陣線」代表大會上,決定支持重建獨立的拉脫維亞國家。 1989 年 3 月 18 日舉行拉脫維亞蘇維埃社會主義共和國最高蘇維埃選舉,首次出現各類政黨推舉的候選人名單,共產黨不再一黨獨大。選舉結果,「拉脫維亞人民陣線」獲勝。翌

圖 34:1989 年秋天「國際陣線」的群眾大會

年 5 月 4 日最高蘇維埃通過關於恢復獨立的宣言，稱之為「五四獨立宣言」。

1991 年 1 月 12～13 日，在立陶宛共黨領導的同意下，部分蘇聯軍隊占領維爾紐斯電視中心，衝突中十四人喪生，數百人受傷。立陶宛的事件使得拉脫維亞居民群情激動，群眾匯集里加，捍衛自己的政府和重要國家機構。1 月 20 日警察占領內政部，槍戰中數人斃命，拉脫維亞政府和人民陣線處變不驚，反對「以暴還暴」，旨在製造機會，讓軍隊得以干涉局勢的挑釁行動，始終不能如願以償。

八月叛亂──1991 年 8 月 19 日蘇聯副總統雅納也夫 (G. Janaev) 陰謀叛變，在莫斯科成立國家緊急狀態委員會，宣佈戈巴契夫因病不能視事，大權落入委員會手中。在部分地區，其中包括波羅的海三國，實施緊急戒嚴，宣佈地方政府的決定無效，一切由委員會全權決定。俄羅斯聯邦總統葉爾欽挺身與陰謀者對抗，莫斯科街壘林立，軍隊倒戈，轉而支持捍衛民主的人士。蘇聯的叛亂瓦解，戈巴契夫重返克里姆林宮，重掌政權，卻再也無法掌控蘇聯的實權。在俄羅斯，民主人士關閉支持叛亂的機構，時至今日，共產主義大勢已去，已是不爭的事實。戈巴契夫退而求其次，試圖起碼保住蘇聯，決定向波羅的海三國人民讓步。

在蘇聯政變之際，里加街頭上出現裝甲坦克，向最高蘇維埃建築物接近，處此局勢，最高蘇維埃作下恢復拉脫維亞全面獨立的決定。1991 年 8 月 21 日拉脫維亞共和國最高蘇維埃通過「關於拉脫維亞共和國國家地位」的憲法，宣佈拉脫維亞為獨立共和

國，其國際權力地位以 1922 年之《拉脫維亞共和國憲法》為依據。1991 年 9 月 6 日，由聯邦全體共和國的領導共同出席的蘇聯國家蘇維埃，承認波羅的海三小國的獨立。

自從蘇聯兼併波海三國，剝奪其民族自行決定命運的權利，歷時五十一年又一個月，如今拉脫維亞終得重建屬於自己的獨立國家。名去實亡的共產帝國則自 1992 年 1 月在世界地圖上消失，走進歷史。1994 年 8 月 31 日最後一批俄軍撤離拉脫維亞。

第三節　重建拉脫維亞共和國

早在 1990 年，在通過獨立宣言的同時，也開始恢復憲法的效力，由「拉脫維亞人民陣線」組成大多數的最高蘇維埃，逐漸展開拉脫維亞共和國管理機關的重建工作。1993 年 6 月 5～6 日舉行第五屆議會選舉，取代之前的最高蘇維埃。第五屆議會全面恢復憲法的效力，選舉總統，批准內閣總理的任命。

在 1993 年舉行的選舉中，選舉聯盟「拉脫維亞之路」獲得勝利。聯盟結合自由思想的政治力量，從昔日的共產黨人——改革派和人民陣線，到移民海外的拉脫維亞人士都包括在內。「拉脫維亞之路」與「農民聯盟」合作，共組政府，比爾卡夫斯 (Valdis Birkavs) 組閣，烏爾曼尼斯（Guntis Ulmanis，戰前總統 K. 烏爾曼尼斯之孫）當選總統。

拉脫維亞的政黨制度雖已恢復，但因新的階級系統尚未建立，以致何黨何派代表和保護何人的利益，總是模糊不清，所以難以

將黨派分門別類。黨派經常是由高官要人組成，以維護自身的特權。雖是如此，拉脫維亞的黨派可依其主張，區分為以下三種：代表企業主之利益者、以鞏固拉脫維亞民族為首要任務的民族主義者，以及支持社會和共產主義思想，企圖恢復共產體制者。

在經濟改革方面，「拉脫維亞人民陣線」認為，重建獨立之後需要解決的課題之一，是恢復拉脫維亞貨幣——拉脫(lat)。拉脫的通行過程漸進，因此貨幣的改革並未給人民帶來直接的損失。只有在戈巴契夫執政的最後幾年，因盧布失去價值，連帶影響拉脫的穩定，造成貨幣的貶值，使得人民蒙受重大的損失。

此外，「拉脫維亞人民陣線」在獲得權力之後，立即提出恢復私有制的構想，土地和不動產私有化，原工業企業所有人可以要回自己的產業，或是將它出售，集體農場和國營農場的私人土地，或是以金錢估算收購，或是分配股份，另外因集體和國營農場的建立土地遭到剝奪者，亦可獲得股份。

時至今日，新的拉脫維亞共和國仍有許多問題尚待解決，這些問題可略分為三大類：

1.政治問題：⑴國家安全。歷史的經驗證明，拉脫維亞必須保衛自己的獨立，加入任何大國聯盟，才能鞏固獨立國家的地位。⑵人民對國家的信任。拉脫維亞長期被異族占領，人民經年處在外來者的統治之下，權力當局的政策決定，並不考量地區人民的利益，形成人民對統治機構的不信任。此外，社會主義時期建立的龐大官僚機構，目的在監督和管理人民，官僚在社會上以當家自居，對人民的生死漠不關心，因此在拉脫維亞人民和國家之

間，至今仍存在著不可踰越的鴻溝。改革時期許多官員利用職權
之便，進行非法交易，損人致富，更加深人民對國家的不信任。
解決之道，只有吸引人民參加國家管理工作的行列。

2.經濟問題：(1)加入世界競爭行列。蘇聯的占領，使拉脫維
亞脫離世界經濟，當時在拉脫維亞製造的產品，或是僅供應當地
市場所需，或是為了蘇聯的需求。今日世界各國的經濟互動密切，
拉脫維亞必須生產具有競爭力的產品和服務，才能加入競爭行列，
在世界市場上一較長短。(2)尋回對當地商品的信心。社會主義末
期製造出的商品品質低劣，顧客缺乏信心，產品無人問津。今日
進口商品成為新寵，大家樂於購買。處此劣勢，如欲吸引購買力，
只有提高品質一途。(3)隨著蘇聯的垮臺，經濟轉型，昔日在俄羅
斯化的政策下，大量移居拉脫維亞的俄國人，因工廠虧損倒閉，
造成大批的失業人口。現今政府研擬計畫，或是輔導改行，或是
將之遷徙到其他地方，以解決此一嚴重的社會和經濟問題。此外，
拉脫維亞政府認為，加入歐盟將可促進國家經濟的發展。

3.民族問題：蘇聯占領時期，實施俄國化，在政府機構強制
推行俄語，威脅到拉脫維亞國家的生存，因為民族和語文是國家
的重要根基。早在 1980 年代末期，Latvian SSR 最高蘇維埃在社
會的壓力下，通過關於官方語言的法律，宣佈拉脫維亞語為官方
語言。

現代的拉脫維亞關心境內的少數民族，為俄國人、猶太人、
烏克蘭人、波蘭人、愛沙尼亞人和立陶宛人設立學校，成立各民
族的文化社團，許多少數民族的代表為拉脫維亞的發展貢獻良多。

雖然如此，拉脫維亞政府關於民族語言和經濟文化的政策，尤其在官方語言和國籍的認定上，經常引來國內俄裔人民的不滿，認為拉脫維亞政府刻意侵奪俄裔人民的權利。起初由於拉脫維亞人仇俄的情結深刻，而俄裔人民又沙文主義猶存，所以雙方衝突頻繁。之後隨著時日的變遷，考量經濟的利益和社會的安定，雙方的關係逐漸緩和，共同創建和平安康的生活。

第四節　拉脫維亞現況

走在拉脫維亞首都里加的街上，俄國的感覺依稀猶存，畢竟它曾是蘇聯北方的重鎮之一。憑藉蘇聯在該國的經濟基礎設施，拉脫維亞在 1990 年代曾是全蘇經濟發展水準最高的地區之一。與國內俄羅斯人的摩擦，在經濟互利共識下，逐漸化解。恢復獨立後的前幾年，拉脫維亞的經濟突飛猛進，自從 1993 年引進自由兌換的貨幣拉脫後，成長穩定，備受讚揚。通貨膨脹從 1992 年的 958.6% 縮減到 1995 年的 25% 和 2002 年的 1.4%，然而在 2007 年卻上揚到 16%，是歐盟通貨膨脹率最高的國家。自 2008 年起，全球性的金融風暴吞噬拉脫維亞，經濟受到嚴重挫敗，直到 2010 年才稍有起色。

一、內　政

在 1991 年恢復獨立之後，拉脫維亞隨即積極拓展民主、公開和自由企業，其普及面超過政治範圍。大多數的國家報紙和刊物

不是私有化就是關閉,起而代之的是無數新的獨立報章雜誌,在
自由市場的條件下,增加大眾傳播媒體電視和電臺的頻道,私有
電視臺持續成長。

持續的社會改革和國家教育體制改組,成績斐然,自 1991 年
創建三十多所私立高校、中等技術學校和中學,90% 的人民能使
用英文,積極提升歐洲和世界語文的水準。在拉脫維亞人文和精
密科技同樣普及,大多數的新鮮人選擇商業、管理和訊息科技作
為專業項目。

拉脫維亞人積極致力民主的發展,在全國各地成立數千個非
政府機構,從事社會保障、教育、文化、社會活動和其他問題,
並且與政府機構合作,共同解決地方和全國性問題。

2008 年拉脫維亞慶祝共和國建國九十週年,雖然冷戰時期留
下的許多創傷仍待撫平,拉脫維亞人民仍然熱切地接受民主的價
值觀念和體制。

二、政黨和政治運動

自 1990 年以來,國家的權力一直是由右派和中間偏右政黨所
掌控。2011 年 3 月「統一黨」與「綠黨暨農民聯盟」組成同盟,
反對勢力有民族解放運動組織「祖國與自由聯盟」(For Fatherland
and Freedom/LNNK)、「一切為拉脫維亞」(All For Latvia),以及
「為更好的拉脫維亞」 (For a Good Latvia) 與 「和諧中間黨」
(Harmony Centre) 聯盟。

三、「非國民」

　　從前蘇聯其他各州來到拉脫維亞蘇維埃共和國，以及其出生在拉脫維亞蘇維埃共和國，和之後的拉脫維亞共和國的後代，約三十四萬的拉脫維亞居民 （占全部人口的 15.26%）， 在 2010 年初，擁有所謂的「非國民」的身分。71.7% 的「非國民」居住在拉脫維亞的六大城市裡。

　　在 1991 年 10 月 15 日重新獲得獨立之後 ， 最高委員會通過決議，規定只有 1940 年 6 月的拉脫維亞公民及其直系後代，才有資格成為拉脫維亞國民，此外的其他居民必須有特殊的貢獻才能獲得國籍。

　　1994 年通過新國籍法，賦予幾乎所有居住在拉脫維亞的前蘇聯人民歸化的權利，不分國籍。國籍法的對象是絕大多數的非國民身分者，在經過合法的歸化過程後，得以獲得國籍。所謂的歸化過程，指的是必須通過特殊的考試，包括拉脫維亞語、歷史、基本憲法和拉脫維亞國歌，然而歐盟委員批評此一過程的對象是「土生土長」的「非國民」。

　　自 1991 年以來，拉脫維亞施行一個由政府資助少數民族的教育體系，受惠的八個族群為：俄羅斯人、波蘭人、猶太人、烏克蘭人、愛沙尼亞人、立陶宛人、白俄羅斯人和吉普賽人。許多民族學校同時也是文化中心。1991 年拉脫維亞政府開始實現雙語教育方案，目的在提供少數民族使用拉脫維亞文及其母語學習機會。2001 年，第七屆議會通過社會整體化的法律，旨在鼓勵和刺激國

內長期居留的少數民族獲得拉脫維亞國籍。

　　然而問題並未獲得解決，部分的非國民堅持原則，不願通過歸化過程，反對拉脫維亞共和國關於 1940 年 6 月 17 日事件的官方說法，認為蘇聯將拉脫維亞併入其版圖是非法的行為，因此自然而然地自認擁有獲得國籍的權利。另一部分的非國民雖認同官方說法，但是視剝奪他們政治權力的 1991 年 10 月 15 日通過的國籍法為非法，因為他們和擁有權利的人民一樣，積極參與獨立國家的建設、在街壘戰鬥中挺身而出、並參加 1991 年 3 月 3 日的全民公決。然而他們卻宛如被遣返回到舊日的共和國之中，如同當時的拉脫維亞蘇維埃一樣，不授予他們政治權利。

　　自 2007 年 1 月 19 日零時起，拉脫維亞和愛沙尼亞非國民免簽前往歐盟制度生效（英國和愛爾蘭除外）。2008 年 6 月 17 日，俄羅斯聯邦共和國總統梅德偉傑夫簽署關於拉脫維亞和愛沙尼亞非國民（前蘇聯國民）免簽進入俄羅斯的法令，並自 2008 年 6 月 27 日開始生效。

四、軍　事

　　1991 年 8 月 23 日開始組建軍隊，11 月成立國防部。2006 年前實行義務兵制，自 2007 年 1 月起，實行軍隊職業化，根據個人意願，簽署三到十五年的服役合同。

五、穩定成長

　　縱觀拉脫維亞歷史，地處波羅的海戰略要地，扼守東西南北

主要貿易通道的十字路口，拉脫維亞擅於利用優越的經濟地理條件，振興國家經濟。

自從 1990 年代初期恢復獨立以來，拉脫維亞政府採取迅速的方案，重振自由市場經濟，鼓勵私有化，穩定貨幣，以及進出口的多樣化經營。拉脫維亞因而得以在冷戰之後的這段時期，快速的享有傲人的經濟成就。直到 2008 年，拉脫維亞作為北約和歐盟的正式成員，其經濟為歐洲最具活力和增長最速的國家之一。

價格和貿易自由化的成功，大小型私有企業以及金融部門的改革，使拉脫維亞的經濟自 1995 年以來每年平均增長 6.4%。拉脫維亞的貨幣拉脫自發行以來是歐洲最穩定的貨幣之一，自從加入歐盟，擬定策略加入歐洲貨幣聯盟之後，在 2005 年拉脫盯緊歐元。

與歐盟整體化，只是經濟轉型過程的一個步驟，是結構改革，以及克服貿易管理和資本流通障礙的一個環節。自從加入歐盟後，拉脫維亞的國內市場貿易額從二百三十萬美元增加至四億五千萬美元。國內市場的迅速拓展，有利於政府為所有的公司行號創造公平的競爭環境，從而增加所有經濟部門的競爭力。

拉脫維亞的金融體系是建立在宏觀經濟、成功的貨幣政策、以及穩當保守的財經政策之上，因此得以符合歐盟的標準，與全球金融同步。此外，顯著的提升拉脫維亞在國際商場各個層面的競爭力。拉脫維亞對本國經濟的自信，吸引外國投資者紛紛到來，其金額占該國銀行資本的 78%。

歐盟是拉脫維亞主要的貿易夥伴，占該國進出口總值的

80%。拉脫維亞在波羅的海和歐盟市場經濟與策略的鞏固，顯著的影響國內貿易的運轉。近年來，拉脫維亞重要的出口國家是德國、瑞典、英國、俄羅斯，以及波羅的海鄰國的立陶宛和愛沙尼亞。

今日的拉脫維亞經濟政策的發展，符合歐盟的里斯本戰略，其目標為「具有競爭力的經濟，是建立在知識上，並且能夠穩定成長，提供更多優質的工作機會，加強社會的凝聚力，以及對環境的保護」。

拉脫維亞致力全球性的合作，成為世界貿易組織、世界銀行、國際貨幣基金和世界衛生組織，以及其他許多國際組織的成員。

然而好景不常，受到 2008～2009 年全球金融危機的震盪，拉脫維亞的經濟在 2008～2010 年一蹶不振。多年以來蓬勃發展的經濟成就，在 2008 年迅速滑落。並在該年成為歐盟國家中窮人最多的國家（占總人口的 26%）。2010 年經濟緩慢復甦。

2015 年上半年，拉脫維亞擔任歐盟理事會主席國。2016 年 6 月 2 日，拉脫維亞成為經濟合作與發展組織 (OECD) 第三十五個成員國。就人均 GDP 而言，拉脫維亞在後蘇聯國家中排名第三，僅次於鄰國——愛沙尼亞和立陶宛。

六、對外政策

拉脫維亞的對外政策，以歐盟和北大西洋公約組織為發展目標。在 2003 年 9 月 20 日的公民投票中，66.97% 的拉脫維亞公民投票贊成加入歐盟，32.26% 反對。2003 年 9 月 30 日，拉脫維亞

議會批准拉脫維亞加入歐盟的法案，然而超過四十萬的「非國民」沒有資格參加公民投票。2004 年 5 月 1 日拉脫維亞暨其他九個國家：愛沙尼亞、立陶宛、波蘭、斯洛伐克、捷克、匈牙利、斯洛文尼亞、馬爾他以及塞浦路斯（南部希臘的部分）成為歐盟的正式成員國。2004 年 3 月 29 日成為北大西洋公約組織的會員國。自 2007 年 12 月 21 日起拉脫維亞成為申根區的一部分，從彼時起，俄羅斯公民只有持有申根簽證才能進入該國。

2010 年 12 月 19 日至 22 日，拉脫維亞總統扎特萊爾斯 (Valdis Zatlers) 十六年來首度官方訪問俄羅斯，分別與俄羅斯總統梅德偉傑夫和總理普亭會面，訪問莫斯科期間雙方會談所使用的語言為俄語。

蘇聯在波羅的海國家五十年的占領，在拉脫維亞—俄羅斯關係上留下許多嚴重的問題，需要特別的關注。其中最重要的是在 1994 年完成的俄羅斯（前蘇聯）所有軍隊的撤軍，和清除拉脫維亞境內軍事基地。為了顧及生活在拉脫維亞前蘇聯國民的需要，在與歐安組織、歐盟和其他國際組織的合作下，建立歸化手續、教育和社會整合。舊日留下來的政治和社會裂痕必須公開誠實的解決，以維持鄰國間的友好關係。2007 年拉脫維亞與俄羅斯簽署邊界協議，為歐盟、北約和俄羅斯開啟穩定、信任和合作之路。

由於地理距離相鄰，語言相通，俄羅斯一直是該國觀光事業的大客戶。雖然近年來來自其他國家，尤其是芬蘭、瑞典和德國的旅客日增，然而仍然不敵鄰國的俄羅斯帶來欣欣向榮的觀光事業。

Baltic States

第 III 篇

愛沙尼亞

第二十章 | *Chapter 20*

史前時代

第一節　原始文化

　　約在九千五百年前，人類首度在愛沙尼亞土地上定居，較之
綿延二百五十萬年的人類歷史，這個數字可謂微不足道，原因是
愛沙尼亞和北部歐洲在相當長的一段時間內全被冰層覆蓋。冰河
在百萬多年前首度來襲，僅在一萬一千到一萬三千年前愛沙尼亞
的土地才得以完全擺脫冰河的勢力，但這並不意味著在上述的期
間內，大地一直都是冰雪封凍，而是經歷四～五次的冰河籠罩，
和繼之而來的溫度回升。極有可能在冰河退去的間隙時期，愛沙
尼亞的土地上曾有人類居住，然而彼時的生活跡象和人類活動未
能保存下來，再次來臨的冰河將地表上的痕跡沖刷殆盡。

　　愛沙尼亞的史前時代從西元前八千紀中葉人類首次在該地出
現起，一直到十三世紀初期愛沙尼亞人喪失獨立地位為止，信史
時期則自 1227 年起延續至今日。

　　盤據在愛沙尼亞土地上的大陸冰川最晚消釋，因此該地屬於舊石器時代的村落遺址至今未能發現。由立陶宛和拉脫維亞有關遷居的文獻可知，彼時由南而來的獵人追逐北方馴鹿，隨之遷移，居無定所。這些為時甚短的古代村落的文化遺跡相當平淺模糊，故挖掘尋找村落遺址並非易事。由今日的考古資料可知，最古老的愛沙尼亞居民點，是位於派爾努 (Piarnu) 河附近的普利 (Pulli)，其時約西元前八千紀中葉。在發現的若干類似的村落遺址中，以第一個發現的村落遺址命名，將中石器時代的愛沙尼亞和鄰近地區的文化，稱為昆達文化（Kunda culture，西元前八千紀～前四千紀）。

　　屬於昆達文化的部族發源不詳，他們與後來者混居雜處，在某種程度上成為今日愛沙尼亞人的祖先。

　　西元前三千紀，來自東部和東南部的新遷徙者到達愛沙尼亞及其鄰近地區，帶來製造黏土器皿的工藝，該千紀中期，愛沙尼亞開始製作所謂的蓖陶器皿。蓖陶文化 (comb-ceramic culture) 的部族可能說芬蘭－烏戈爾語系方言，並以此為基礎衍生日後的沿岸波羅的海－芬蘭語族 (Balto-Finnic tribes)，因此該部族可算是愛沙尼亞人的直系遠祖。

　　西元前 2200 年，新的部族以小群體的方式，從南方來到愛沙尼亞。以該部族製造的戰斧狀似船形，將其文化稱為船斧文化 (boat-axe culture)。船斧文化的部族屬於歐羅巴人種，是波羅的海民族——拉脫維亞、立陶宛的直系祖先。在愛沙尼亞他們與當地居民融合，逐漸掌握芬蘭－烏戈爾方言，並以其母語豐富芬蘭－

烏戈爾方言的詞彙。

第二節　異族入侵

　　愛沙尼亞人和大多數與大自然和諧相處的民族一般，是一個愛好和平的民族，彼時的愛沙尼亞地處農業的北界，亦即文化世界的北界，界北為荒蠻之域。在西元初的前幾個世紀裡，區域內的局勢開始動盪不安。西元 155 年前後居住在南瑞典和哥得蘭好戰的哥特人沿著維斯瓦河向黑海挺進，擾動沿途遭遇到的日耳曼、斯拉夫和波羅的海部族。在黑海岸，哥特人建立自己的國家，戰勝羅馬人，在艾爾瑪納里赫 (Ermanarih) 國王在位期間達到全盛。愛沙尼亞可能在某個時期落入哥特人的掌控之中，直到匈奴入侵時才得以重獲自由。在匈奴的攻擊下和流竄難民的紛擾中，羅馬帝國垮臺。連年的征戰，導致貿易的沒落，昔日的和平秩序也跟著土崩瓦解。

　　來自西方的威脅也逐漸逼近，約在西元 600 年前後，瑞典國王英格沃爾領軍登陸愛沙尼亞，搶劫人民，愛沙尼亞人終得集結大批人馬與之抗頡，英格沃爾陣亡，葬在愛沙尼亞沿岸。次年夏天，英格沃爾之子興師討伐，報得殺父之仇。

　　西元七～八世紀強大的阿拉伯哈里發國家在地中海興起，地中海因此成為軍事活動的舞臺。傳統東西貿易之路受阻中斷，因此在短時間內開發一條名為「從瓦蘭人到希臘人」的新水路：沿著波羅的海和今日的歐俄大河通往黑海和裏海。愛沙尼亞正好地

處貿易之路和大政治風暴的十字路口。新貿易之路的開拓，正值斯堪地納維亞維京海盜時代（800～1050 年）的開始。挪威和丹麥將目光拋向西方，入侵英格蘭、法蘭西，占據冰島和格陵蘭島，行蹤遠至地中海，甚至美國。瑞典則別有所圖，八～十一世紀歷代瑞典國王均向東方展開大規模軍事行動。維京海盜逐漸控制往來波羅的海和君士坦丁堡的水路，降服居住在水道沿岸的芬蘭－烏戈爾和斯拉夫部族，愛沙尼亞亦在其內。

第三節　羅　斯

882 年奧列格 (Oleg) 公奪取基輔，統一南、北羅斯部族，從此開始古羅斯公國。九～十世紀愛沙尼亞和古羅斯的關係和睦平靜，俄國編年史稱愛沙尼亞人和居住在楚德 (Chudskoe) 湖以東的某些沿岸波羅的海－芬蘭部族為楚德人。楚德人在古羅斯公國中扮演相當重要的角色，他們協助奧列格公攻占基輔，參加遠征拜占庭的軍事行動，從事鞏固南疆的防禦工事，抵禦遊牧民族的潛入來襲。

十世紀末期，古羅斯公國從哈薩爾汗國的權力中解放出來，並接受拜占庭的東正教信仰，從此觸爆長期的激烈鬥爭，以爭奪途經愛沙尼亞的貿易之路——一方是丹麥－英格蘭國王克努特 (Knut)，另一方是瑞典和古羅斯。強盛的羅斯諸公亟思拓展領域，覬覦愛沙尼亞土地。愛沙尼亞在兩害相權取其輕的考量之下，選擇地理位置離己較遠的克努特，與古羅斯公國的關係因此逐漸惡

化。1030 年基輔大公雅羅斯拉夫（睿智的）舉兵討伐愛沙尼亞，獲得勝利，並在塔爾圖建造堡壘。1054 年的俄愛之戰，羅斯敗在愛沙尼亞人手中。在下一次的戰爭中，羅斯軍隊在伊賈斯拉夫公的率領下，奪得基阿瓦 (Keava)。1060 年伊賈斯拉夫向愛沙尼亞諸部族課稅徵賦，後者不久即拒不繳稅，奪回塔爾圖（1061 年），並出兵襲擊，幾乎到達普斯科夫。在此敵對雙方發生激戰，俄軍陣亡上千，而愛沙尼亞部族則是死傷無數。

　　十二世紀的古羅斯分崩離析，瓦解成若干個小公國，因此來自東方的威脅稍減，只是與諾夫哥羅德、普斯科夫的軍事衝突仍然持續，征戰之地，主要是東愛沙尼亞。1111～1116 年間愛沙尼亞人三次迎戰姆斯季斯拉夫公的軍隊，1130～1134 年諾夫哥羅德公弗謝沃洛德 (Vsevolod) 三次來犯，卻無法長久保有擄獲的土地。十二世紀下半葉，愛沙尼亞人反守為攻，在 1177 年向普斯科夫發動大規模的軍事行動，之後俄軍旋即還以顏色，1190 年羅斯部隊痛擊結集在楚德湖的「沿岸楚德人」的船隻。繼此之後，1191～1192 年冬天，諾夫哥羅德和普斯科夫的軍隊攻占塔爾圖，夏天取得奧捷皮 (Otepia)。不久俄軍隨即撤離，未能乘勝在東－南愛沙尼亞建立羅斯的統治政權。

第四節　與鄰族的關係

　　十三世紀的愛沙尼亞並未建立起國家的體制，掌握權力的貴族階層正在形成之中。但這並不意味著愛沙尼亞特有的文化經濟

不及東西鄰族，然而國家體制的缺乏，在社會政治的發展上卻表現出某種程度的落後。彼時愛沙尼亞的南、北鄰族也都沒有建成國家體系，立陶宛大公國的肇基僅始於十三世紀中葉。十三世紀初的愛沙尼亞並無組成統一國家的必要性，在十字軍入侵之前，未有重大的外來威脅，鄰族間雖相互襲擊，卻貨物相通。至於愛沙尼亞本地，雖時有內閧，但都以談判言和，不訴諸武力，因此也無內憂。愛沙尼亞人具備特有的共同意識和社會情感，取代一統的國家，他們將國土分成八個區，當危險來臨時，各區擅於結合力量，共禦外敵。

古愛沙尼亞人的南鄰是拉脫維亞人的先祖：拉脫加爾人、謝勒人、則姆加爾人和庫爾什人，在里加灣沿岸和庫爾蘭北部相當廣闊的土地上居住著愛沙尼亞人的親族——利沃人。愛沙尼亞與鄰族的關係，總體而言，可謂平和無爭，雖然依當時的習性，鄰近部族間時有相互搶劫襲擊的舉動，但有時各族也彼此結夥，進行征討。愛沙尼亞人和拉脫加爾人之間經常引起糾紛和武裝衝突，來自南方的強敵立陶宛人也多次對愛沙尼亞進行毀滅性的攻擊。愛沙尼亞的西鄰——丹麥和瑞典的政府和教會當局亦不甘人後，在十二世紀試圖征服愛沙尼亞，並迫使其改信基督教，卻未能如願以償。在此同時，愛沙尼亞人也積極奮進，向波羅的海對岸發動多次的軍事行動和突襲。1170 年，丹麥國王的艦隊經過一番苦戰後，方得戰勝在哥得蘭島沿岸從事搶劫活動的愛沙尼亞人和庫爾什人，1187 年波羅的海東岸的「異教徒」——愛沙尼亞人、庫爾什人和卡累利阿人 (Karelians) 攫得並焚毀重要的瑞典貿易城市

希格圖納 (Sigtuna)。

　　史前時代末期，波羅的海東岸各部族間勢力均等，雖然愛沙尼亞的國家尚未形成，但人民訓練有素，足以給予土地侵略者有力的反擊。

第五節　天主教的傳入

　　西元二千紀初葉標誌著古愛沙尼亞生活的重要提升，人口顯著增加使愛沙尼亞土地人煙稠密，北愛沙尼亞大部分居民點在十三世紀初已發展成型，乏人問津的地方只剩西南方沼澤地帶、近海地區和部分島嶼。時至史前時期末葉，愛沙尼亞人口數據保守估計已達十五萬人。

　　古愛沙尼亞人與鄰族——利沃人、芬蘭人、卡累利阿人、沃德人 (Votians) 和波羅的海部族的貿易日益廣泛，因連接波羅的海西、南岸和古羅斯城市的貿易之路途經愛沙尼亞，愛沙尼亞的貨物因而流向遠地。十二世紀下半葉，在愛沙尼亞的貿易要道上日耳曼商賈與日俱增，重要的貿易城市開始形成，塔爾圖是其中之一，塔林是波羅的海地區首屈一指的貿易中心。

　　十～十一世紀之交，在羅斯和瑞典受洗之後，天主教由外來商賈和旅者傳入，在愛沙尼亞逐漸散佈。愛沙尼亞地處東、西文明的夾縫之中，受到來自雙方的影響，然而在十三世紀初期，愛沙尼亞仍未屬於兩種文明的任何一方。

　　接近十三世紀初葉，整個歐洲，除了少數例外，全是基督教

世界，僅在拉普蘭到立陶宛和普魯士之間仍保存著異教信仰。為了使上述土地接受洗禮，並將之置於自己的影響之下，羅馬天主教會和東正教會、西方和東方、西歐和拜占庭及羅斯間展開激烈的宗教競爭，兩方的衝突不久便決定著愛沙尼亞的命運。

　　自十一世紀下半葉起，天主教對促使愛沙尼亞人改信基督教的活動日益關心注意。 1070 年不來梅大主教阿達爾貝爾特 (Adalbert) 任命西爾勤尼烏斯 (Hiltinus) 修士為波羅的海民族的主教，西爾勤尼烏斯在一無所獲的兩年傳教事業之後，只得交出權杖。1167 年傅爾科 (Fulco) 任主教職，隨後羅馬教皇訓諭，任命愛沙尼亞裔的尼古拉斯 (Nicolaus) 修士為傅爾科的助手，並呼籲所有的信徒給予支持。據傳，傅爾科在 1170 年代初期曾經來到愛沙尼亞。東愛沙尼亞的基督教信仰來自古羅斯，愛沙尼亞語中的許多相關字彙借自俄語便是例證。起初愛沙尼亞人顯然對基督教以及新的宗教並無任何敵意，十三世紀初引燃的慘烈爭鬥和不妥協的抵抗，則是外來宗教強加於人所導致的後果。

　　十二世紀，日耳曼人開始向東推進，經過一段時間後，已對愛沙尼亞的命運產生重大的作用。在所征服的西斯拉夫人居住地上，日耳曼人於 1143 年建立呂貝克城，成為繼續東進的據點。

　　十二世紀末，日耳曼商賈經常往來道加瓦河下游的利沃人居住地，就在商賈的居中運作之下，1184 年修士梅恩哈爾德來到利沃人的土地，開始宣揚基督教義。1186 年漢堡—不來梅大主教賜他高職，任命為利沃尼亞主教。在傳教的初期，外來的修士企圖營造印象，表示他們的目的僅限於傳播基督教。梅恩哈爾德不以

武力與異教徒為敵，因此傳教活動對他而言，可謂嚴格的考驗。其後繼者貝爾托爾德則反其道而行，與利沃人尖銳對峙，在無計可施之下，貝爾托爾德只得回到日耳曼。1198 年貝爾托爾德率領首批十字軍騎士重返利沃尼亞，和不願接受基督教的執拗之利沃人周旋。十字軍雖然得勝，主教貝爾托爾德卻戰死沙場。1199 年剛毅且貪權的艾伯特任主教，帶來陣容浩大的十字軍遠征。1201 年入侵者建里加城作為根據地，1202 年組成專業軍人的宗教聯盟──寶劍騎士團。如此一來，使異教徒改信基督教的原意，逐漸為征服波羅的海土地的企圖所取代。

地區居民的處境日益艱困，取代和平的傳教活動，來的卻是遠征的十字軍。來自西方的兵源不斷，砲火益增，部族寡不敵眾，陷入苦戰。日耳曼人以強大的軍力，在幾年內便征服道加瓦河和高亞河河畔的利沃人，迫使他們改信基督教。對付拉脫加爾人，因其首領並不特別抵抗，更是輕而易舉地便將他們降服。1208 年戰火延燒至愛沙尼亞邊境。其實在此之前，日耳曼人和丹麥人早已分別向愛沙尼亞沿岸進行討伐。1208 年秋，日耳曼人和援兵齊出，進軍烏干吉 (Ugangi)，開始燒殺劫掠，強取豪奪，烏干吉向薩卡拉 (Sakala) 求援，聯手向拉脫加爾人土地發動反擊，揭開愛沙尼亞人為獨立而戰的序幕。

愛沙尼亞人為自由英勇奮戰，不僅在歐陸，且在薩列馬島，曾多次齊心協力地抵禦來自南方的攻擊，卻無戰績。1217 年薩卡拉首領列姆畢圖 (Lembitu) 得以集結浩蕩的軍隊聯盟，並期待來自俄國的協助，然而後者卻姍姍來遲，於是在維爾揚迪 (Viljandi)

圖 35：波羅的海民族奮起抵抗十字軍　打著天主教旗幟，包藏侵
略之心的十字軍企圖征服波羅的海地區。

附近雙方交戰，愛沙尼亞人徹底潰敗，列姆畢圖戰死。1219 年丹
麥加入征服波羅的海之爭，在來自南方的日耳曼人和紮基北愛沙
尼亞的丹麥人之間爆發戰爭，勢同兄弟鬩牆，完全忘卻基督教的
手足之愛。

　　了解孤軍無法長期抗戰，愛沙尼亞與羅斯重修舊好，在重要
的城市中部署俄國部隊。1223 年秋，大隊俄軍在和薩列馬齊力圍
攻塔林失敗後，只能搶劫愛沙尼亞作為補償。1220 年代初期，在
薩列馬人的率領下，愛沙尼亞人得以從外來者手中奪回自己的土
地，然而接近 1224 年時，愛沙尼亞的大陸部分再次淪陷，1227
年薩列馬人被迫承認異族的主權，至此，愛沙尼亞的獨立之戰暫

告結束。

　　二十餘年以來，愛沙尼亞人盡一己之所能，保衛家園，爭取獨立地位，侵略者不斷地洗劫愛沙尼亞土地，掠奪人民。愛沙尼亞雖經受五十多次毀滅性的戰鬥，卻英勇奮戰，伺機給予反擊。十字軍為一訓練有素、經驗豐富，且配備精良的專業軍人團體，加上有影響力博大的羅馬天主教會作為後盾，新生軍補給源源不斷，而愛沙尼亞除日耳曼人一敵外，又面臨軍事強國丹麥和瑞典的夾攻，因此兩軍對峙，優劣已見。雖然愛沙尼亞終因弱不敵強，被迫投降，然而獨立之戰在愛沙尼亞歷史上，占有極為重要的地位。前人英勇的典範，在以後的數百年間，鼓舞愛沙尼亞民族為獨立自由奮戰不懈，堅持到底。

第二十一章 | *Chapter 21*

中世紀

第一節　利沃尼亞

　　日耳曼費盡許多時間和心力，終於得以制伏波羅的海民族，立陶宛堅守獨立自主，而庫爾什和則姆加爾的馴服則是經過長期的戰鬥才達到目的（分別是 1267 年和 1290 年）。奪來的土地（今日的愛沙尼亞和拉脫維亞）稱為利沃尼亞，歸併丹麥王國的北愛沙尼亞地區，則名為「愛沙尼亞」。這些土地的經濟和生活型態的未來發展，在相當程度上是以西方的模式堆砌形成的。

　　中世紀時期的愛沙尼亞標誌著永不停息的奪權鬥爭，在愛沙尼亞的獨立戰鬥結束之後，騎士團和丹麥之間隨即爆發尖銳的衝突，1227 年騎士團從丹麥手中奪得位於塔林的棟匹亞 (Toompea) 要塞。為此教皇特派使節前來愛沙尼亞，調解敵對雙方。教皇使節突生念頭，企圖在爭議的土地上，介於騎士團和丹麥的統治間，建立一緩衝國，直接臣屬教皇。騎士團對此無法坐視，於 1233 年

在棟匹亞大肆屠殺教皇的附庸,其中包括愛沙尼亞人。其結果是,丹麥國王喪失在愛沙尼亞所占領的土地。這只是席捲歐洲的教皇黨和神聖羅馬帝國皇帝黨之鬥爭的一個片段,在這場鬥爭中,騎士團是站在神聖羅馬帝國皇帝的一方,與教皇為敵。

以軍事勢力而言,利沃尼亞騎士團是地區上最強大的國家。利沃尼亞騎士團成立於 1237 年,為本部設在東普魯士馬利安堡的日耳曼(條頓)騎士團的利沃尼亞分支。成立之初,目的在傳播基督教信仰,但不久之後即擺脫主教的管束,主要的活動變質為開疆闢土,為了達到增補兵源的目的,甚至將逃犯和異族納入其內。

雙方的衝突於 1238 年丹麥和利沃尼亞騎士團在斯登斯比 (Stensbi) 締結協約後,才得以結束,丹麥國王得回塔林及維魯馬 (Virumaa) 和哈留馬 (Harjumaa),騎士團則得到雅爾瓦馬 (Jarvamaa),同時協約也預謀成立軍事聯盟,目的在繼續攫掠土地,和羅馬天主教會的進一步東征。

勝利者自認是奪來土地的全權主宰,彼此瓜分所得,在爭權奪利之際,形成若干相互敵對的陣營,因此在利沃尼亞未曾有過統一的國家,只是分成多個獨立的部分,其權力歸屬擁有一定獨立自主權的統治者,成為小型的封建國家。

第二節　封建國家

在愛沙尼亞和拉脫維亞的土地上出現數個封建國家,北愛沙

尼亞建有愛沙蘭公國，直接歸屬丹麥。愛沙尼亞的大部分土地被利沃尼亞騎士團、塔爾圖主教國和廖恩涅馬－薩列馬 (Laanemaa-Saaremaa) 主教國瓜分，此外另有不擁有世俗權力的塔林主教國。拉脫維亞則由騎士團、里加大主教國、庫爾蘭主教國和里加城豆剖。騎士團和主教均是日耳曼神聖羅馬帝國皇帝的附庸，雖然利沃尼亞不在帝國的版圖之內。既然征服土地是打著傳播基督教的旗幟，因此里加大主教當仁不讓，自認是地區上的最高領袖，然而利沃尼亞騎士團卻不苟同，兩者的糾紛多次發展成軍事衝突。起初，彼此的衝突肇因於教皇和神聖羅馬帝國皇帝的敵對，然而當侵略者的權力鞏固，外政局勢穩定後，於是 1297 年在利沃尼亞便引燃第一場內戰。此後戰亂迭起，敵對各方爭相拉攏鄰國助陣，甚至異教徒的立陶宛也包括在內。但是一旦有緊急的共同威脅發生時（當地居民的群眾暴動、外敵入侵），這些小國便暫棄前嫌，團結對外。

　　為了鞏固自己的權力，當地的宗主國——丹麥國王和主教們將大部分土地劃分為若干封地（采邑），封建領主則以服軍役作為報答，封地不屬封建領主私有，僅是終身擁有的賞賜，然而父死子繼已是成規。封建領主大多為日耳曼人，其中同時還有丹麥人、愛沙尼亞的部族首領及其後代。愛沙尼亞貴族如今只有三種選擇，或是死亡、或是喪失地位，淪為農民，或是和侵略者合作，經過二到三代後日耳曼化。日後許多著名的波羅的海日耳曼人擁有愛沙尼亞的淵源，封建領主說著日耳曼語，對當地廣大民眾而言，猶如異族。

封建領主大多在丹麥的轄地，在專業軍人組織的騎士團土地上，因不需封建領主服軍役，封地只在特殊情況下產生，因此此地愛沙尼亞人的處境略佳。十三世紀時，封建領主開始建立屬於自己的階級團體──騎士國，對此丹麥國王和主教們不得不另眼相待。北愛沙尼亞由國王的地方官和騎士國選出的地方行政官共同管理，國王被迫經常擴大封建領主的權力，允許其自行審判和處罰轄下的農民，後來利沃尼亞的其他封建領主也獲得相同的權力。

第三節 外來政權和當地居民

侵略者在最初階段仍沒有十足的自信，徹底征服民心，因此和每個區或是以口頭，或是以書信的方式訂立協約，確定戰敗者的義務，同時也保證後者的若干權利。愛沙尼亞人在相當程度上保有昔日的傳統和習俗，雖然封建領主握有對農民的審判權，但審判的儀式有農民階層的代表以所謂的「護權人」的身分參與，根據習俗和傳統，作出自己的決定。此外，農村公社的領導也是來自農民階級。

接受基督教的愛沙尼亞人被允許擁有個人自由，且在占領初期保有私人土地，然而農民的生活條件依舊日益艱困，交易和航海權只屬城市居民所有，這對北部和西部愛沙尼亞及薩列馬居民的打擊尤甚，由於遠離中央地區，海上貿易在這些地區的生活上扮演極其重要的角色。外來封建領主對農村經濟的發展漠不關心，

愛沙尼亞人除了要自食其力外，還得供養新主。經濟上的壓榨，導致政治局勢的激烈緊張，外來權力的衝突不斷，農民流離失所，無處容身，飽受焦土之苦和戰火之災，凡此種種都更加深愛沙尼亞人尋回失去之自由的意念。

第四節　利沃尼亞與鄰國的關係

　　利沃尼亞封建國家的對外政策，是以條頓騎士團和羅馬教皇擴張領地的意圖為出發，面臨諾夫哥羅德、普斯科夫和立陶宛等公國的抵制。立陶宛諸部族阻擾日耳曼從陸路向波羅的海東進，十三世紀中葉，當明達烏戈斯大公得以統一大部分立陶宛土地之際，部族聯盟尤其堅固。1260 年夏，立陶宛在杜爾拜湖畔徹底擊潰騎士團，立陶宛的堅守獨立，鼓舞波羅的海的其他民族起而傚尤，為獨立而戰。利沃尼亞騎士團立志征服立陶宛，立陶宛則繼續頑強地抗戰。

　　利沃尼亞與東邊鄰國的關係，則是致力向古羅斯擴張羅馬天主教會的影響力，以此為方向的主要行動在 1240 年代初期全面展開。 1240 年來自芬蘭的瑞典十字軍在涅瓦 (Neva) 河上被諾夫哥羅德公亞歷山大殲滅❶。然而，接下來的秋冬兩季，在日耳曼十字軍的討伐下，若干羅斯要塞落入其手，其中甚至包括普斯科夫，

---

❶　亞歷山大因此役的勝利，自十五世紀起被譽為亞歷山大·涅夫斯基，意為涅瓦河的亞歷山大。

志得意滿的騎士團於是著手展開對占領地的移民。1242年春局勢逆轉,在楚德湖上展開一場傳奇性的冰上鏖戰,騎士團在遭圍困後,被亞歷山大·涅夫斯基率領的俄軍徹底擊潰,騎士團的愛沙尼亞援兵自戰場上落荒而逃。

雖然得勝,羅斯仍得承認,愛沙尼亞和利沃尼亞依舊是敵手的轄地,日耳曼領地的東界沿著納爾瓦河和楚德湖劃定。在以後的年代裡,雙方雖然持續毀滅性的攻擊,卻不分軒輊,勢均力敵。戰爭在1320年代以新的力量復燃,此時的普斯科夫既然臣屬於立陶宛,立陶宛和羅斯便聯合軍力,共同對外。聯軍越過納爾瓦河,直取塔林,利沃尼亞騎士團採取反擊,包圍普斯科夫——然而仍是無功而返。

第五節　尤里節夜起義(1343~1345年)

1340年代初期,哈留馬—維魯馬的政治局勢顯得相當曲折複雜,丹麥國王實際上已完全喪失對北愛沙尼亞的監督控制,封建領主日益坐大,難以駕馭,而鄰國——利沃尼亞騎士團和宿敵瑞典的野心與日俱增,覬覦哈留馬—維魯馬。地區與東方的貿易,利益歸漢撒同盟所有,丹麥無利可圖。處此局面,丹麥國王亟欲以高價出售「愛沙尼亞」,藉此不但可以卸下管理遙遠濱海諸省的包袱,還可得到國家所需的一大筆金錢。各方深切關注丹麥採取的行動,企圖影響北愛沙尼亞形勢的發展:哈留馬—維魯馬封建領主、利沃尼亞騎士團、瑞典,和當地的愛沙尼亞居民。封建領

主擔心權力的轉移會導致其所擁有的廣大特權的喪失，曾數度向
國王請願，要求後者不要將「愛沙尼亞」讓與他人。利沃尼亞騎
士團在上個世紀勉強認同丹麥對北愛沙尼亞的宗主權，早已自認
是地區的未來主人。瑞典則等待時機，將哈留馬－維魯馬併入自
己在芬蘭的領地。丹麥與日耳曼騎士團展開談判，1339 年底，雙
方的土地買賣事實上已然成交，然而騎士團對交易的利弊沒有十
足的自信。如此的遠景，既不令騎士團滿意，也使封建領主和漢
撒同盟的塔林憂心，但卻對愛沙尼亞人有利。當地居民不願束手
任憑他人決定自己的命運，著手和彼時正與騎士團交戰的瑞典及
羅斯談判。哈留馬人決定利用新、舊主人替換的時機，暗中策劃
起義，給敵人來個措手不及。

　　起義開始於尤里節夜 (St. George's Night)。1343 年 4 月 22～
23 日午夜，愛沙尼亞人在哈留馬－維魯馬各地殺害日耳曼人和丹
麥人，一萬名愛沙尼亞人在四位領袖的率領下，集結在塔林附近，
準備和來自瑞典和芬蘭的部隊會合。消息傳來，騎士團首領立即
停止和普斯科夫的作戰，火速趕向塔林，不願錯失夢寐以求的哈
留馬－維魯馬。騎士團邀愛沙尼亞領袖前來談判，後者為了贏得
時間，等待瑞典援兵的到來，指責封建領主的倒行逆施，表示準
備接受騎士團的政權。在派德 (Pajde) 談判時，騎士團殺害愛沙尼
亞的四位領袖，在 5 月 14 日的一場決定性的戰役中，約有三千名
愛沙尼亞人陣亡。瑞軍雖依約而來，但事件發展的迅速，出乎愛
沙尼亞人及其盟軍的意料，見大勢已去，瑞軍只得悻悻然離去。
俄軍雖攻進塔爾圖主教國，卻已無關大局。壯烈之舉雖告失敗，

起義之火仍未黯淡，在愛沙尼亞各地繼續燃燒。

7月24日，在薩列馬爆發起義，舉事者圍攻異族的重要據點。騎士團雖在塔林得勝，處境卻十分困難，既在邊境與羅斯纏鬥，又在薩列馬興兵，而愛沙尼亞各地的緊張情況又此起彼落。日耳曼人的力量已近匱乏，只得向條頓騎士團求援。10月底大隊援兵到來，1344年2月，十字軍得以冰上渡海，登陸薩列馬，雖傷亡重大，終得以占據要塞。然而氣候開始回暖，迫使侵略者棄島而去，薩列馬重獲自由。只有在翌冬，1345年之始，利沃尼亞騎士團才得以對島上居民施展最後的攻擊。在要塞被奪之後，薩列馬同意媾和，接受騎士團開出的嚴苛條件。

尤里節夜起義成為古愛沙尼亞人爭取自由的最後一幕，尤里節的挫敗是如此的慘重，以致在接下來的兩百年間，愛沙尼亞人不再嘗試各種起義。大地化為焦土，上層人士遭到毀滅，抗敵的意志拗不過殘酷的懲治。殘喘的生命又遭逢「黑死病」的摧殘，尤里節夜起義兩年後，鼠疫肆虐，國家變成廢墟。此後利沃尼亞騎士團在利沃尼亞的主導地位得到鞏固，無人能敵。1346年，丹麥國王將實際上已不屬於他的哈留馬—維魯馬售予日耳曼騎士團，後者則收取小額的仲介費，在次年將土地轉讓利沃尼亞騎士團，幾乎是免費奉送。

第六節　利沃尼亞的內憂和外患

尤里節夜起義的平靖和哈留馬—維魯馬的獲得，使利沃尼亞

騎士團在地區上的威望和影響迅速提升和擴大，但是利沃尼亞封建國間的對抗和軍事衝突，卻未因此平息，勝負交替的紛爭，直到利沃尼亞時期終了才告結束。主教國僅在十四世紀下半葉才得以嚴重動搖騎士團的地位，在深具國際關係的塔爾圖主教領導下，曾經統合廣大的聯盟對抗騎士團，甚至吸收盜匪參與。當時是成立聯盟的最佳時機，目睹日耳曼騎士團及其利沃尼亞分支的影響力擴大和實行對外侵略，四鄰無不憤怒驚慌。騎士團的絕對優勢，不久即使塔爾圖主教的外交努力化作灰燼。然而在國際壓力下，騎士團不得不同意在 1397 年召開但澤（今格但斯克〔Gdansk〕）代表大會，並在會中解決爭論性的問題。在代表大會上，騎士團為了使各方形式上承認它的領導地位，對主教國和封建領主作出一系列的讓步。

十五世紀時，利沃尼亞的權力爭奪仍舊持續，1410 年條頓騎士團在格林瓦爾德一役被波蘭－立陶宛聯軍打得落花流水。隨著騎士團大首領權力的式微，利沃尼亞的局勢每下愈況。封建領主和城市的地位在騎士團戰敗後尤其攀升，但彼此之間卻無法找到共同的語言，這對騎士團和主教們而言，可說是不幸中的大幸。

在哈留馬－維魯馬封建領主的角色不斷提升。為了解決內政問題，特別成立地方自治代表會，自 1421 年起在利沃尼亞開始召開全體地方自治代表會，討論最迫切的外政問題，嘗試解決內部的紛爭，制訂稅制，立法阻止農民的逃脫等等。地方自治代表會自 1435 年起分成四個階級：1.里加大主教和其他宗教界人士，2.騎士團首領及其官員， 3.封建領主，其中以哈留馬－維魯馬的代

表的角色最為重要，4.城市代表──里加、塔林、塔爾圖。雖是如此，地方自治代表會卻無法結合各種政治力量，其決議也不具任何約束力，只要某一階級的代表反對既定的決議，決議便不為地方自治代表會所採行。同時，各階級的代表也無能克服存在已久的矛盾和分歧，只有在關於農民義務的問題上，才能達到「有志一同」的決議。

地方自治代表會的興起，標誌著從封建的無政府狀態，過渡到在權力觀念上較有階級紀律的國家，然而並沒有進一步建立起中央集權國家，利沃尼亞仍舊處於各小國間聯繫薄弱的聯盟局面。

十四世紀末葉，利沃尼亞的外政局勢開始惡化。條頓騎士團自格林瓦爾德一役潰敗之後，步入衰落時期，當外來威脅出現時，利沃尼亞騎士團已不再能結合盟軍，共同禦敵。十四、十五世紀之交，環繞利沃尼亞的國際情勢開始演變到不可辨識的地步。鄰國間相互締約結盟，鞏固自己的地位。從前誓不兩立的丹麥、挪威和瑞典─芬蘭，在 1397 年簽署《卡爾馬爾 (Kalmar) 聯合》，統一外政。丹麥國王決定重掌北愛沙尼亞，甚至像以前一樣，自稱為「愛沙尼亞」公爵。歐洲僅餘的異教徒國家──立陶宛，接受了天主教信仰。1385 年，波蘭和立陶宛締立的《克列夫聯合》，雖未能促進兩國合併成為一統的國家，卻保障彼此更為密切的聯盟，據此波蘭國王同時也是立陶宛的大公。然而最令人矚目的是，從金帳汗國瀕絕的廢墟上興起的莫斯科大公國。十五世紀和十六世紀上半葉，對愛沙尼亞而言，重大的威脅正是來自羅斯。

伊凡三世在位時，諾夫哥羅德併入莫斯科公國。1480 年，當

圖36：愛沙尼亞的納爾瓦要塞隔著納爾瓦河和俄國的伊凡哥羅德對峙。

羅斯軍隊忙於和韃靼人交戰之際，利沃尼亞騎士團掌握時機，進攻普斯科夫，雖經精心策劃，卻奪城不力。1481年冬，莫斯科、諾夫哥羅德和普斯科夫聯軍齊出，攻打利沃尼亞，作為報復。騎士團無法阻攔羅斯軍團的推進，後者大肆搶劫愛沙尼亞土地，歷時一個月。

　　想要徹底征服利沃尼亞，莫斯科力猶不足，雙方於是在1481年秋簽立為期十年的停戰協定。利沃尼亞的強國地位已是明日黃花，伊凡三世因此極力向利沃尼亞拓展邊界，1492年伊凡三世下令，在位於納爾瓦的騎士團城堡的對岸，即納爾瓦河東岸，建起伊凡哥羅德要塞，1494年關閉漢撒同盟在諾夫哥羅德的貿易事務所，並將日耳曼人逮捕下獄。

　　騎士團首領企圖給予羅斯迎頭痛擊，使之永遠不再有征服利沃尼亞的念頭。1501年夏末，騎士團大軍攻進羅斯，人數之眾，為利沃尼亞歷史上軍容最為盛大的部隊。與此同時，浩大的羅斯軍隊也向利沃尼亞移動，在十字軍越過邊界之際，兩軍即不期而遇。經過小型的衝突之後，俄軍撤退，而騎士團因部隊爆發瘟疫，

不敢圍攻普斯科夫，只得匆忙班師回朝。1502年騎士團再度入侵
普斯科夫，終於得償宿願，在激戰之後，俄軍撤退。這場勝利，
冷卻東鄰熾烈的侵略野心，1503年敵對雙方簽立停戰協定，並在
以後曾數度延長效期。

　　雖然獲得的勝利不如騎士團首領所期望的意義重大，但是卻
能在以後的數十年間保障利沃尼亞的和平無虞，為地區上的文化
和經濟的發展創造良好的環境。

第七節　愛沙尼亞的天主教會暨宗教改革

　　在將處於兩個世界邊緣的愛沙尼亞人，轉變成西方定義下的
歐洲人的過程中，基督教扮演著特定的角色。較之古愛沙尼亞人
的本土信仰，無庸置疑的是，基督教更為發達且更具吸引力。但
因基督教是以「火和劍」強加於愛沙尼亞人之上，自然引起人們
心中對新教條的憎恨。再加上基督教興起於全然不同的世界，對
生活在四季替換和春耕秋收節奏中的愛沙尼亞農民而言，神化大
自然的古老信仰更能使他們理解和信奉。然而，不論是否出自意
願，愛沙尼亞人不得不承認新信仰的優勢——畢竟，十字軍戰勝
為自由而戰的古愛沙尼亞人，並摧毀多神教的聖地和偶像。雖是
如此，基督教在愛沙尼亞人的心中只是無法避免和不樂意的義務，
愛沙尼亞人依舊生活在舊的信仰之中。隨時推移，基督教義和古
老信仰的象徵逐漸融合，形成一種民族信仰。

　　基督教代表全歐唯一的豐富且有紀律的文化遺產，歎為觀止

的教堂建築和裝飾，教會儀式（彌撒）和多聲部合唱，以及學校教育的推廣，不僅美化愛沙尼亞人的精神道德，更豐富他們的美學生活。

　　十五世紀末～十六世紀初，是歐洲歷史的轉折時期。各種新的思想爭鳴齊放：印刷機的發明，使書刊得以大量印行，且費用低廉；老朽的封建制度瓦解，社會關係發生變化；地理上的偉大發現，大大地開闊了歐洲人的眼界；前所未見的貨物和貴重金屬，飄洋過海而來，改變了素有的價值觀；昔日位於地中海和波羅的海的海上貿易區，逐漸喪失原先的意義；槍砲的上陣，使騎兵無用武之地，騎士的城堡易攻難守；封建特權失去憑據，取代封建割據，興起的是集權國家；思想家和藝術家開始扮演日益重要的角色。人文的時代已到來，文藝復興已降臨。

　　在如此蓬勃的環境中，在歐洲，反對天主教會上層人士鬻官的立場得到鞏固，提出簡化教會的要求，清除繁文縟節、自私自利和傲慢自大的弊端，使宗教反璞歸真。祈禱儀式以地區母語進行，尋回基督教的真正價值。此運動由進步的教士領導，其中以馬丁‧路得於 1517 年在維滕貝格 (Vittenberg) 號召的宗教改革為此一潮流的先驅。

　　1521 年，宗教改革從日耳曼傳至利沃尼亞，傳教士遍行大城小鎮，很快就博得市民階層的同感。拜主教國和利沃尼亞騎士團之間各懷鬼胎之賜，宗教改革勢如破竹，1524 年 9 月 14 日，聖像破壞運動蔓延至塔林，燃燒對天主教會的仇恨，群情激憤的民眾衝入教堂，聖物珍寶洗劫一空。

　　同樣的風暴於 1525 年在愛沙尼亞其他城市掀起，大多數修道院因而關閉，城市中路得教盛行。1530 年代，封建領主向新信仰靠攏，深怕農民對新教的認識，會引來如在日耳曼般的農民浪潮。起初，愛沙尼亞的農民對任何宗教都漠不關心，但因新的宗教以當地母語傳道，洗盡天主教的浮華奢靡，更能親近平民。在宗教改革的衝擊之下，利沃尼亞騎士團和主教名義上雖仍保有權力，但城市和封建領主的實質意義和影響力卻急遽攀升。

第二十二章 | *Chapter 22*

戰爭時代

第一節　利沃尼亞戰爭

　　十五世紀的最後二十五年，環繞波羅的海的國家發生顯著的政治變化，俄國、波蘭－立陶宛以及丹麥和瑞典等強大的中央集權國家興起，加劇十六世紀中葉波羅的海的主權問題。丹麥控制波羅的海海峽；瑞典統治芬蘭，企圖向東拓展領域；強盛的波蘭，其邊界在十五世紀延伸至波羅的海岸，軍事大國還有與波蘭聯合的立陶宛；以吞併他國，擴充領土的莫斯科大公國，邊界直達利沃尼亞，爭奪波羅的海東岸，打開歐洲之窗，為其外政的主要方針之一。

　　將近十六世紀中葉之際，利沃尼亞已是分崩離析，積弱不振。強鄰羅斯、丹麥、波蘭－立陶宛和瑞典虎視眈眈，或是想將之據為己有，或是要瓜分豆剖。主要的威脅來自東方，羅斯的興趣在取得此地的港口和貿易城市。利沃尼亞對羅斯採行的武器禁運和

戰略物資管制，招致莫斯科的不滿。1539 年，地區當局為了牟利，禁止羅斯商人不經當地商人仲介直接和外國人交易之舉，更是火上加油，戰爭的緊張情勢，在恐怖伊凡執政之時尤其升高。經過一連串的勝戰，恐怖伊凡將喀山汗國和阿斯特拉罕(Astrahan) 汗國併入莫斯科公國，國土增大兩倍，其他的韃靼汗國紛紛與莫斯科締和，以求自保。如今的俄國已無後顧之憂，可集結大軍，在利沃尼亞邊界備戰。

俄國在 1556～1557 年戰勝瑞典，與波蘭─立陶宛大公國簽訂長期和約，和丹麥則向來擁有良好的關係。處此國際優勢，時機成熟，戰爭就緒，而所謂的「塔爾圖貢賦」事件，則使俄國師出有名：莫斯科與利沃尼亞之間的和約，在 1554 年有條件的延長十五年，依約後者每年需付給前者人頭稅──塔爾圖主教國每一男子稅賦一銀馬克，並需在三年內將所有的前帳償清。利沃尼亞屈從莫斯科開出的條件，條約獲得批准。然而如此龐大的數目，徵收絕非易事，利沃尼亞統治者心存僥倖：或許不清償也可相安無事，因此懈怠對俄國的戰事。

1556～1557 年，騎士團和里加大主教國之間引發利沃尼亞的最後一場內戰，波蘭─立陶宛插手內鬨，迫使騎士團與之簽訂公開的反俄軍事聯盟，且須在五年之後《波俄和約》結束時，方才生效。利沃尼亞的統治者雖是心不甘情不願，卻被捲入和俄國的戰爭之中。戰事綿延四分之一個世紀，帶給愛沙尼亞民族無可計數的災難。

利沃尼亞戰爭（1558～1583 年）以俄軍大規模的掠奪襲擊揭

開序幕，在 1558 年初，席捲愛沙尼亞。除了零星的農民聯手保衛家園外，俄國的大軍幾乎是一路無阻，策馬西來。1558 年春天，俄軍攻下塔爾圖和納爾瓦。騎士團首領原想徵集農民，組織民兵，但既害怕俄軍，又畏懼愛沙尼亞農民，只好作罷。塔爾圖淪陷後，騎士團倉皇撤出東愛沙尼亞。由丹麥居中簽署的和約（1559 年 4 月）實行才半年，新任（末代）騎士團首領凱特列爾企圖組織反侵略軍隊，卻壯志未酬。

　　丹麥介入和平談判，實行自己的利益，國王腓特烈二世暗中進行一系列購買利沃尼亞封建小國的交易。時至今日，利沃尼亞經不起新的戰爭，已是眾所皆知的事實。利沃尼亞聯盟的所有重要城市和成員各與某一強鄰進行談判，尋求庇護。騎士團和里加大主教國偏向天主教的波蘭，塔林和哈留馬一維魯馬騎士國搖擺於路得教會的丹麥和瑞典之間。

　　1560 年，大隊俄軍再度入侵愛沙尼亞，8 月 2 日攻打人數僅其二十分之一的騎士團部隊，在圍攻之後，將其殲滅，此為利沃尼亞騎士團的最後一役。除俄軍外，韃靼機動隊遍佈境內，貴族逃出領地，避難城市。在敵人離去之後，廖恩涅馬和哈留馬的農民揭竿而起，起義雖遭殘酷鎮壓，但農民的反抗精神仍然存在，在利沃尼亞戰爭的前幾年，常為俄軍助陣。經過這一連串的事件，凱特列爾召來波蘭軍隊，進駐騎士團的所有要塞。1561 年 6 月，塔林及哈留馬、維魯馬和雅爾瓦馬騎士國歸順瑞典國王愛立克十四 (Erik XIV)，為勇於干涉歐洲大政治的瑞典強權奠基。其餘的利沃尼亞騎士國、利沃尼亞騎士團和里加大主教則於 11 月宣誓效

忠波蘭國王西吉斯姆德二世‧奧古斯特，里加成為一個自由城市。
至此，利沃尼亞不再存在，成為歷史名詞，開始它的繼承戰爭。

　　由部分騎士團領土組織而成的庫爾蘭公國，凱特列爾為其開
國君主，新王朝肇端，執政直到十八世紀。拉脫維亞人認為，庫
爾蘭公國在相當程度上可謂是今日拉脫維亞的前身。

　　在土地瓜分之後，瑞典、丹麥和波蘭之間展開長期且疲憊的
劫掠戰爭，俄國在某個期間曾置身事外。1568 年，當約翰三世廢
黜自己瘋癲的兄弟愛立克十四，登基瑞典王位之際，戰爭逐漸平
息。新皇為波蘭國王西吉斯姆德二世‧奧古斯特的女婿，波蘭和
瑞典締立和約，丹麥自忖有利，也隨之跟進。

　　此時的波蘭－立陶宛發生重大的變化，雙方在 1569 年結盟成
為一統的國家──波蘭－立陶宛共和國。俄國內亂紛擾，四分五
裂，恐怖伊凡處心積慮，繼續利沃尼亞戰爭，且不給其他國家藉
口干涉戰局。為此他需要一個在利沃尼亞受到某種歡迎程度的傀
儡，丹麥國王腓特烈二世之兄弟馬格努斯 (Magnus) 公爵同意扮演
此一角色，並於 1570 年在莫斯科加冕為利沃尼亞國王。 1570～
1571 年間，馬格努斯在七個月圍攻塔林不下之後，王國已形同虛
設。1572～1577 年，愛沙尼亞的大陸部分，除塔林及其鄰近地區
以外，幾乎全為俄國所侵占。瑞典企圖扭轉局勢，但卻失敗。然
而俄國的成功，也只是虛有其表，俄軍已無資源作最後、決定性
的一戰。農民日漸傾向瑞典一方。所有一切，在恐怖伊凡和馬格
努斯因瓜分占領地發生爭議之後，劃下句點。馬格努斯為了逃離
暴怒的沙皇，避難波蘭，結束利沃尼亞王國。

利沃尼亞戰爭的結局相當出人意料，新任波蘭國王斯捷凡‧巴托利是匈牙利人，更正確的說，是特蘭西瓦尼亞人，與約翰三世是一家人，因此在抗俄戰爭上，彼此之間迅速找到共同語言。俄國、波蘭和瑞典勢均力敵，三者中的每一方都志在使其餘的兩方相互戰鬥，削弱彼此的實力。若一國獨大，其餘兩國便結盟合作，共同禦敵。斯捷凡‧巴托利對俄國展開大規模的軍事行動，在 1581 年長期包圍普斯科夫，與此同時，瑞典的對俄作戰亦有斬獲。俄國無力再戰，尋求和談的可能性，1582 年 1 月由教皇使節居中，俄國和波蘭締約談和，南愛沙尼亞歸屬波蘭，與瑞典的和約則在 1583 年簽訂，瑞典保有西和北愛沙尼亞。

利沃尼亞戰爭對愛沙尼亞而言，無疑是一場災難，在整整一代人的時間內，永不止息的殺人、搶劫和鼠疫，殘害人類，使文明重歸野蠻，城市和貿易崩潰，再也無法達到昔日的發展程度。

第二節　三國分治

一、波蘭統治下的南愛沙尼亞

在利沃尼亞騎士團和里加大主教國轉歸波蘭之際，利沃尼亞貴族要求保留自己的特權，名為「西吉斯姆德‧奧古斯特特權」，歸還給貴族昔日的領地，並且確認農奴制度。波蘭統治下的南愛沙尼亞保有路得教信仰，所有的政府職務只有日耳曼人能擔任。然而在戰爭期間，地區貴族一再表現出野心，難以信任，波蘭因

此認為有將這個省份波蘭化的必要，使之更受宗主國的牽制。在此一目的之下，斯捷凡‧巴托利開始任命波蘭和立陶宛貴族擔任領導要職，違背西吉斯姆德‧奧古斯特保留貴族和城市特權的諾言。波蘭和立陶宛封建領主在地主中的人數增加，近十六世紀末期時，達到 30%。新地主和昔日的日耳曼人一樣，壓榨農民。部分農民的境況轉好，因為大部分的土地收歸政府管轄，在此農民的生活略佳，而地主必須稍事收斂，不使自己農民的負擔，過分高於政府領地上的農民。

在十六世紀的最後幾十年，波蘭當局採取措施，旨在恢復經濟，劃一賦役，確定範圍，此舉激勵農民從事私有經濟。然而持續的戰爭，和波蘭政府經濟的崩潰，結束經濟發展和社會的穩定時期。時局變遷，對待農民的態度也隨之改變：再度盡可能榨取農民的一切。飽經利沃尼亞戰爭蹂躪的城市和貿易，在最初階段，經過一番復甦經濟的努力之後，終得成果。然而利沃尼亞時局的動盪，阻礙城市的進一步發展。十七世紀初的軍事事件（1600～1629 年瑞典和波蘭的戰爭），使城市再度衰敗，波蘭政府既無力擔保城市的遠景，市民轉而歡迎瑞典軍隊的到來，寄望因此復甦貿易。

要使新征服得來的土地波蘭化，最重要的前提是，使其居民重返天主教會的懷抱。波蘭的勁敵瑞典為一路得教國家，更是重要的關鍵所在，在此目的下展開反宗教改革運動。

反宗教改革運動以教育青年的心靈開始，從事全歐反宗教改革運動的耶穌會在這一領域中起著重要的作用。耶穌會在愛沙尼

亞的農民階層中取得重大的成就，它的成功在於擅於運用當地的環境和語言，農村居民與長期漂泊的耶穌會士交談，聆聽用當地語言講述的簡單教義，對修士特別感到親切。雖然如此，在城市裡耶穌會卻無法贏得大眾的歡迎。

塔爾圖為耶穌會在愛沙尼亞的重要中心，也是該會企圖使俄國改信天主教的重鎮之一。1583 年耶穌會成員來到塔爾圖，隨之即著手籌組修士和世俗教士的組織——委員會。在委員會的規劃下，成立中學和翻譯學校。耶穌會在文化方面的努力——創建學校，出版書籍，博得相當高的評價。後來當路得教的瑞典執政之時，耶穌會士遭驅逐出境，他們辛勞的成果被毀滅殆盡。然而毫無疑問的是，日後塔爾圖大學的成立（1632 年），耶穌會所建立的學校傳統實在功不可沒。

二、瑞典統治下的北愛沙尼亞

在利沃尼亞戰爭之後，劃歸瑞典的愛沙尼亞土地有哈留馬、維魯馬、雅爾瓦馬、廖恩涅馬和塔林，共同組成愛沙蘭公國。這些土地自願臣服瑞典，因此保有所有的貴族和城市的特權。

瑞典國王採行各種措施，減輕農民的負擔，卡爾九世尤其堅決地指出改善農民處境的必要性。在瑞典議會中，農民階層代表既與其他階層並列，卡爾九世因此挺身而出，為愛沙尼亞農民爭取和其他階層相同的權利。卡爾九世譴責實行於愛沙尼亞的農奴制度，這種不公平的制度，據他所言，在基督教民族的社會中，早已遭摒棄廢除。卡爾九世著手實行大範圍的改革計畫，呼籲就

權力和行政方面將愛沙尼亞瑞典化。然而改善愛沙尼亞人民生活的計畫未能付諸實現，採行的實踐步驟不能減輕農民的負擔。瑞典國王的所有改革企圖，遭到來自地主方面的頑強抵抗，而貴族的支持，對國王而言，又是必不可缺。起初所有得來的土地均為政府所有，後來由於財源匱乏和其他原因，政府只得以土地支付官員作為酬庸。另外，為了吸收地方貴族，和將王國的忠誠子民移民到愛沙尼亞，又得廣授土地，並作各種讓步，以致將近 1620 年之時，五分之四原屬於瑞典的土地落入地主的手中。

三、丹麥統治下的薩列馬

薩列馬的命運異於愛沙尼亞其他地區，它在利沃尼亞戰爭中遭受到的破壞較其他地區為輕，因此整體的生活水準較高。然而就連在薩列馬，政府也必須和貴族瓜分權力。貴族在地區上建立薩列馬騎士國，擁有自己的地方自治代表會，以及其他自治機構。但是丹麥政府也在此地建立起強固的政府權力，迫使貴族作出讓步。比起愛沙尼亞本土的貴族，薩列馬貴族的特權較少，義務卻較多，農民在此擁有更多的權利。丹麥政府在薩列馬實行「土地回收」──大多數土地轉歸政府所有，此舉引起貴族的強烈不滿，甚至企圖脫離丹麥，自組獨立的國家。

四、進一步的土地瓜分

1586 年斯捷凡·巴托利去世，瑞典國王約翰三世之子西吉斯姆德三世·瓦扎被擁上波蘭王位，西吉斯姆德三世受波蘭王室的

教育，是一位天主教徒。1592 年底約翰三世逝世，1594 年西吉斯姆德被加冕為瑞典國王，然而路得教的瑞典上層社會對新皇卻懷疑猜忌。原因是：第一、新皇是天主教徒，在宗教戰爭時代，信仰占有重要的意義；第二、在統一的波蘭－瑞典王國中，瑞典注定要扮演小弟的角色。彼時的瑞典國力正蒸蒸日上，致力成為強權大國，當然不願屈居人後。波蘭和瑞典因而彼此敵對仇視。不久，西吉斯姆德即回到他心繫的波蘭，國家大權落入其叔卡爾公爵的手中。叔姪間日益加深的敵對，先是在外交和政治上較勁，後則演成武裝衝突。在大多數人民的支持下，1599 年卡爾公爵廢黜西吉斯姆德，並在 1604 年加冕為王，是為卡爾九世。

1600 年愛沙蘭公國承認卡爾的政權，於是重新開啟長期且具毀滅性的瑞典－波蘭戰爭（1600～1629 年），爭奪利沃尼亞。開始時，波蘭的主要軍力忙於南疆，瑞典連戰皆捷，奪得愛沙尼亞、北拉脫維亞，直達里加。隨後主動權握在波蘭手中，前線移到塔爾圖和派德北部。1601～1603 年，困難的戰爭時期又因嚴重的歉收和饑荒，更是雪上加霜，農民的苦難尤甚他人。

戰爭的規模雖較小，卻仍然繼續，直到波蘭和瑞典集中注意力，對抗俄國的侵略為止。1611 年古斯塔夫二世‧阿道夫踐瑞典王位，立即和波蘭締立停戰協定，但當瑞典和俄國簽下利己的和約之後，瑞典重燃愛沙尼亞和拉脫維亞的戰火。勝利伴隨古斯塔夫二世‧阿道夫，1621 年奪得里加，1625 年拿下塔爾圖。1629 年波、瑞簽署停戰協定，波蘭讓出西杜味拿及其以北的所有土地，戰爭以將愛沙尼亞本土併入瑞典王國落幕。薩列馬島暫時仍在丹

第二十三章 | *Chapter 23*

瑞典時代

第一節 「古老美好的瑞典時代」

　　1629 年結束愛沙尼亞史上七十年的戰爭時期，從此以後愛沙尼亞走入和平時期，持續的時間幾乎與前期相等，只有在 1656〜1658 年因瑞俄的再次戰爭有所中斷。以行政制度而言，愛沙尼亞並非單一的單元，而是劃分為兩個省份：愛沙蘭（在利沃尼亞戰爭時期即臣屬瑞典的北愛沙尼亞）和利沃蘭（從波蘭手中奪來的土地，包括北拉脫維亞和南愛沙尼亞）。新的階段在愛沙尼亞民族的記憶中是「古老美好的瑞典時代」，然而事實上卻有著不少壞的方面：農民的權利、社會和經濟處境，因領地勞役的擴大，不斷惡化；本時期的開啟和結束，都是伴隨恐怖的饑荒和流血的戰爭而來；愛沙蘭和利沃蘭許多習慣法的規範和傳統為當時的中央集權國家所毀滅；農奴制度已形諸法律，如今生為愛沙尼亞人意即一世為農奴；瑞典對波羅的海諸省的需要，猶如對抗俄國和波蘭

的一道防線，因此這些省份不僅要自食其力，還要貼補國庫。雖然壞事不少，但若與前、後時期相比較，則瑞典時代理想的美名，可謂實至名歸。在瑞典王國統治下的一百年，使愛沙尼亞在文化意義上成為北歐的一部分，為建立愛沙尼亞人民精神境界的路得教會奠基，發展人民教育和愛沙尼亞文字，而且在接近王國政權階段的末期，已採取步驟，廢除愛沙尼亞境內的農奴制度。

　　愛沙蘭貴族和塔林城既是心悅誠服地接受瑞典的統治，因此保有既有的特權，其境遇有時甚至優於瑞典本土的貴族。瑞典和利沃蘭的關係則是另一回事，因視之為征服得來的土地，不給予和愛沙蘭相等的地方特權。瑞典國王古斯塔夫二世‧阿道夫不承認利沃蘭騎士國的存在，命令里加總督迅速將利沃蘭瑞典化。古斯塔夫二世於 1632 年戰歿，未成年的女兒克莉斯汀娜踐位，國家由攝政委員會接掌。再度廣授封地，貴族在國家中的地位迅速攀升。1634 年攝政委員會承認利沃蘭騎士國，利沃蘭援引愛沙蘭之例，獲得在地方自治代表會選舉自己首席貴族和其他官職的權利，國家當局未經地方貴族的同意，不得採行關於波羅的海諸省的具體決定。1668 年利沃蘭施行《利沃蘭土地警察法》，農奴制度形於法律。在愛沙蘭，類似的農奴法不曾有過，然而該地的農民即便是沒有農奴法，也完全處在地主的控制之下。

　　祕密信仰天主教的克莉斯汀娜女王在 1654 年遭到廢黜，其表（堂）兄弟卡爾十世‧古斯塔夫成為國王。由於系出日耳曼裔，卡爾十世的瑞典王位根基受到動搖，此時的波蘭正由來自瓦扎王朝的國王統治，瓦扎諸王自認有權踐瑞典王位，卻因適逢國內局

勢緊迫（洪禍時期），自顧不暇：貴族集團相互傾軋；烏克蘭爆發哥薩克起義，羅斯、克里米亞汗國和土耳其出兵干涉，1654年俄國兼併聶伯河左岸的烏克蘭土地，開始和波蘭的戰爭。

俄軍在距離華沙和維爾紐斯不遠的地方佈陣，卡爾十世‧古斯塔夫認為機不可失，進攻波蘭，迅速占領共和國的大部分土地，再度萌生建立瑞典－波蘭一統國家的可能性。然而瑞典的過分壯大，卻不合俄國的心意，俄國迅疾和波蘭締立和約，並於1656年開始和瑞典的戰爭，攻入利沃蘭，拿下塔爾圖。鼠疫的肆虐，迫使敵對雙方於1657年停止戰爭，翌年簽訂和約，俄軍目的達成：振奮的波蘭人將瑞軍趕出國境，並進占利沃蘭。當瑞典擺平南方的敵人後，得以抽調軍隊進攻俄軍，面臨此一威脅，俄國在1660年簽署利於瑞典的和約，歸還奪來的愛沙蘭和利沃蘭土地，波蘭放棄對瑞典王位和利沃蘭的覬覦，瑞典達到歷史上前所未有的強盛境界，稍早駕崩的卡爾十世‧古斯塔夫卻無緣目睹這一結果。卡爾之子，年僅四歲的卡爾十一世繼位（1660～1697年，1672年親政），由攝政委員會代為管理國家，俄國和波蘭則繼續相互爭戰不休。

第二節　卡爾十一世統治時期

1672年卡爾十一世親政，從此事不順遂，1675～1679年瑞典捲入全歐的戰爭之中，與丹麥和布蘭登堡－普魯士作戰，戰爭最後雖得以平局結束，然而在日後的對外政策上，卡爾十一世仍舊

是一事無成。這位在其他各方面都表現傑出的國家領袖，卻無統帥和外交的本領，在戰戰兢兢的外政之下，卡爾十一世保障國家二十年的和平時期，鞏固經濟，壯大軍力，卻也因這段時間的不問他國之事，一旦陷入困境，也無法寄望他國相助。卡爾十一世失去所有忠實的盟友，無意間也使瑞典喪失強國的地位，導致在北方戰爭中的失敗。

一、土地回收

　　瑞典危機的主因在於國王年幼之時廣授土地導致國庫嚴重的短絀。1680 年的卡爾十一世已能如同絕對的君主般治理國家，強迫議會接受「大土地回收」的命令，法令遍行全國，包括愛沙蘭和利沃蘭在內。

　　在國家利益的前提之下，王國開始沒收瑞典時代授與此地日耳曼貴族的封地。國家領地上的農民基本上已是自由之身，國王提議廢除農奴制度，使農民擺脫地主的控制。騎士國，尤其是利沃蘭騎士國譁然抗議，愛沙蘭的大多數地主因在早先已成為土地的私有者，所以土地回收在較小的程度上侵犯到他們的利益。利沃蘭地方自治代表會拒絕國王的建議，當局只得採取武力作為回應。逐漸地，土地回收終得實行，利沃蘭土地的六分之五轉歸國家，愛沙蘭有半數以上的土地，薩列馬則有四分之一收歸國有，國庫的收入遽增。在國有土地上農奴制度已經消除，而愛沙蘭和利沃蘭農奴制的完全廢止，已是短期內的問題了。波羅的海的日耳曼貴族盡一切所能阻礙土地回收，帕特庫爾是貴族反對立場的

首腦，在被判處當眾處死之刑時，帕特庫爾逃亡國外，並在後來
建立反瑞典的軍事聯盟上扮演積極的角色。

二、大饑荒

　　該世紀最後幾年的經濟發展的遠景，為 1695～1697 年爆發在
北歐史無前例的歉收所阻斷，在愛沙尼亞死於饑饉者有七萬到七
萬五千人。因瑞典和芬蘭的饑荒尤其駭人，而愛沙蘭和利沃蘭之
於瑞典而言，遠不如宗主國重要，因此在饑荒時期，從愛沙尼亞
仍舊繼續輸出穀物。人口數災難般的銳減，和國家糧囤的空虛，
適值北方戰爭的前夕，大大削弱瑞典的實力，此外，1697 年四十
一歲的卡爾十一世死於癌症，其子十五歲的卡爾十二世繼位，一
位傑出的將領，卻是全然庸碌的統治者。

第三節　北方戰爭

　　北方戰爭（1700～1721 年）可謂是十六～十七世紀俄國、波
蘭、丹麥與瑞典之間戰爭的延續，截至目前為止，瑞典在大多數
戰爭中，一直是所向無敵。然而時至十七～十八世紀之交，局勢
逆轉，在俄國，愛慕功名、精悍能幹的彼得一世登上王位。假如
昔日的俄國僅僅是一個幅員遼闊的國家，如今則竭盡全力成為強
權大國。為了達此目的，必須得到波羅的海的出海口，以便在大
歐洲政治舞臺上，與世界貿易市場中，和其他國家一爭長短。從
前是讎敵的俄國和波蘭，在對抗土耳其的並肩作戰中，鞏固彼此

的友誼，尤其在 1697 年薩克森選帝侯強者奧古斯特二世當選為波蘭－立陶宛共和國國王之後，波蘭更是受到俄國的支配和影響。俄國和丹麥因對瑞典的同仇敵愾，向來關係良好。忙於著手西班牙王位繼承戰爭（1700～1714 年）的西方強權，無暇顧及東方和北歐的問題，更何況他們也樂於見到此地國家置身歐洲和世界主權鬥爭之外。利沃蘭貴族立場的代表帕特庫爾火上加油，以利沃蘭騎士國的名義，與自命不凡、貪圖虛榮的強者奧古斯特二世締約，在保留和擴大利沃蘭貴族特權的條件下，承認奧古斯特二世為利沃蘭公爵的繼承人。1699 年，俄國、薩克森和丹麥簽署祕密聯盟，共同對抗瑞典。根據協約，彼得一世獲得英格爾曼蘭，奧古斯特二世則取得愛沙蘭和利沃蘭，展開三國與瑞典作戰的準備工作。瑞典前不久才經受嚴酷的饑荒，國庫空虛，新王卡爾十二世年輕缺乏經驗，資源菲薄的瑞典已今非昔比，不再是強權大國，再加上沒有可靠的盟友，處此困境，瑞典已是無力備戰。

　　1700 年 2 月 12 日，集結在庫爾蘭的薩克森部隊出乎意料地進攻里加，北方戰爭於焉開始。處此局勢，卡爾十二世表現出智慧和果決。10 月初，瑞典軍隊在卡爾十二世的指揮下，開至派爾努，俄國適時向瑞典宣戰，以彼得一世為統帥，俄軍著手圍攻納爾瓦，納爾瓦會戰於 1700 年 11 月 19 日在暴風雪中展開。

　　戰爭初始，紀律渙散的俄國士兵立即陷入恐慌，自相殘殺，戰爭以瑞典大勝結束。納爾瓦會戰之後，瑞典軍隊留在東愛沙尼亞過冬，整個冬天瑞典養精蓄銳，時而與俄軍發生小型衝突，愛沙尼亞農民也參與其中。農民在國王到來之時，心中充滿親瑞典

的情緒——戰爭初期，農民從到來的俄軍中看到擺脫地主桎梏的希望，然而當目睹俄軍燒殺劫掠，希望立即破滅。農民雖被迫為瑞軍裝備軍用食糧，質樸親民的軍人國王卡爾十二世卻留給愛沙尼亞民族正面的英雄形象，以及不少的相關傳說。

俄國旋即從納爾瓦的災難中恢復元氣，倖存的軍隊集結在普斯科夫，由敘列莫契夫統帥。1704 年，在長時期的圍城後，俄軍拿下塔爾圖和納爾瓦，東愛沙尼亞的全部土地落入俄軍手中。之後除了零星的戰鬥外，此地的軍事活動處在長期的停頓狀態，戰場轉到其他地方。俄國軍隊開進波蘭，卡爾十二世曾在此給予強者奧古斯特二世致命的一擊，並暫時降服波蘭人。1706 年，利用有利的政治形勢，瑞軍越過神聖羅馬帝國皇帝的轄地，進入薩克森，破壞蹂躪，以至寸土不留。奧古斯特二世害怕所繼承的一切遭到剝奪，被迫投降，並放棄波蘭王位。戰爭至此，形成俄國和瑞典一對一的局面，瑞軍回頭，向俄國邊界展開長期的進軍。

替代波羅的海，卡爾十二世取道烏克蘭，此舉成為卡爾十二世全面失敗的主因。1709 年，瑞軍在波爾塔瓦附近遭到殘酷的殲滅，餘眾隨即棄械投降。卡爾十二世在少數隨從的伴隨下，逃到土耳其。波爾塔瓦會戰成為決定歐洲歷史的重要戰役之一，其結果是：俄國一躍成為強權大國，瑞典降身無足輕重的地位。誠然，瑞典在之後的十二年中仍舊繼續作戰，但已不是為了勝利而戰，而是爭取較為體面的和平。戰爭之所以能長久持續，主要是因為其他強權國家——土耳其、英格蘭、法蘭西偶爾插足的結果。

俄國旋即充分利用波爾塔瓦的勝利——包括征服愛沙蘭和利

沃蘭，俄國部隊再次進入此地已是 1709 年，鼠疫肆虐阻攔俄軍的
行程。彼得一世承諾確認貴族、教會和城市所有舊的特權，包括
為瑞典王國所廢除的在內，應允將國家領地還歸地主。各城市接
二連三地投降，1710 年 9 月 29 日，塔林和愛沙蘭騎士國臣服俄
國。在兼併愛沙蘭和利沃蘭之後，戰爭仍然繼續約有十年之久，
軍事活動和和平談判為時更久，僅在 1721 年《尼什達特和約》簽
訂後才告一段落，據此，瑞典得回俄軍暫時占領的芬蘭。作為愛
沙蘭和利沃蘭的補償，瑞典獲得六百萬元銀馬克，和每年免稅從
此地輸出大量穀物的權利。

第二十四章 Chapter 24

俄國時代

第一節　北方戰爭之後的愛沙尼亞

　　北方戰爭結束後的愛沙尼亞呈現一片悲慘的景象,土地殘破,雜草叢生,人民再度陷入死亡邊緣,城市毀滅,國家變成廢墟,戰爭和鼠疫使人口銳減,僅剩十五萬人,尚不及十三世紀初期的人數。然而人民中年輕、富活力和生命力的部分,使人口以驚人的速度成長,在接近十八世紀中葉之時,已達戰前的數目,近世紀末葉之際超過五十萬人。穩定的經濟,大規模傳染病的銷聲匿跡,和相對的和平時期,都是人口成長的助力。

　　接近 1760 年代之際,愛沙尼亞農奴經濟的變相成長耗盡自己的資源,領地的收入,相較於地主因競相奢華而不斷增長的消費,已是入不敷出。由於缺乏生活的動機,以及勞役的不斷增加,農村的生產也隨之衰減。局勢緊張激烈,空氣中充滿大型農民暴動即將到來的氣氛。此時強權地位鞏固的俄國,對消滅「波羅的海

圖 37：位於塔林的亞歷山大・涅夫斯基大教堂是愛沙尼亞俄國化的象徵

特有制度」的興趣愈趨濃厚，以保持帝國的完整。專制帝王不喜好地區自治，日耳曼貴族無止境的優勢地位已經到了盡頭。

　　啟蒙時代的降臨，在上層社會中，除了教育外，還傳播和流行各種反農奴制度、反專制和反教權主義的理論和思想。愛沙蘭和利沃蘭農民無權的地位，在日耳曼語系的世界中是唯一的例外。1765 年，利沃蘭總督布勞溫 (G. Braun) 在地方自治代表會上迫使利沃蘭騎士國同意女皇凱薩琳二世對於改善農民處境的建議。貴族階層反對新的法律，並未實行實質的改變，然而農奴改革已經開始。在愛沙蘭類似的法律起初並未施行。

第二節　愛沙尼亞農奴制度的廢除

十八世紀末期～十九世紀初葉，對全歐洲而言，可謂是轉折和驚慌的時代——法國大革命和拿破崙戰爭的時代。老朽的封建制度讓位給新興的資產主義社會，波羅的海的農奴經濟時至當日已經走進死胡同，連年的歉收使情勢雪上加霜，貴族階級無法僅以資產度日，而是陷入債務的泥淖之中。轉折時期的社會危機，在於不可能如從前般地繼續生活下去。為提高地主對農民的關注，愛沙蘭地方自治代表會在 1795 年採行利沃蘭自 1765 年已實行的保護農民的法律，未有預期的結果。一些開明的地主在自己的土地上，為農民制訂私人法律，擴大農民的自主權，和擁有動產的權利，並確認農民法院的地位。

保羅一世在 1796 年登基俄國皇位後，立即進行類似政變的措施，排除母親凱薩琳二世的所有寵臣，廢除一系列她所施行的法律和命令，波羅的海的日耳曼貴族拜此之賜，得以重建「波羅的海特有的制度」。1801 年聖彼得堡爆發宮廷政變，保羅一世遭弒，長子亞歷山大一世踐位（1801～1825 年在位）。新皇在執政初期曾是自由主義者，對愛沙蘭和利沃蘭騎士國施壓，要求減輕農民的負擔，然而農民對於新法律的反應卻一如往昔：以暴動抗議。波羅的海諸省的農奴制度必須廢除已是顯然易見的事實，且是刻不容緩。廢奴的準備工作進行得雖非緩慢，卻為戰爭所阻斷。

沸騰歐洲的戰爭長期以來並未直接觸及愛沙尼亞，然而在

圖 38：《蒂爾日特條約》　在涅曼
河上，拿破崙與亞歷山大一世握手
瓜分歐洲勢力範圍，俄國放手撲向
波羅的海，其餘土地歸屬法國，在
波蘭國土上劃下兩國的邊界。

1807 年全歐的戰火卻波及愛沙尼亞人。1806 年，拿破崙的軍隊在
占領普魯士之後，直逼俄帝國的邊境。亞歷山大一世和拿破崙在
蒂爾日特 (Tilsit) 締約，共同瓜分歐洲的勢力範圍。

　　1808～1809 年的俄瑞戰爭雖間接掃過愛沙尼亞，但是歉收和
饑荒卻再次肆虐。法國和俄國準備為爭奪歐洲大陸的霸權作最
後、決定性的一戰，1812 年拿破崙率領由全西歐徵召而來的大軍
入侵俄國。成千上萬的愛沙尼亞人被迫參加和拿破崙的戰爭，戰
事蔓延到波羅的海地區：普魯士軍團開到里加，駐紮在道加瓦河
沿岸，在此發生持久的戰鬥和短兵相接。無數的俄軍經過愛沙尼
亞前往戰場，愛沙尼亞成為俄軍的供養和補給站，城市裡建起火
藥庫和軍醫院。

　　在纏鬥多時的戰爭之後，廢除農奴的問題隨即再度浮現，愛沙蘭的農奴制度在 1816 年廢止， 利沃蘭在 1819 年， 庫爾蘭在 1817 年。農民獲得自由，失去土地，只得和從前的主人簽立租約，條件甚至較昔日領地的勞役更加嚴苛。自由的條件雖然沉重，農奴制度的廢除對農民起著強烈的心理作用，如今他們已是自由之身，對自己的生活負責。對波羅的海的日耳曼貴族而言，給予農民自由意味著二十年的「黃金時代」，開始悠閒的農村生活（雖然農產品在世界市場上的價格滑落），鞏固日耳曼人的共同感受，發展波羅的海日耳曼貴族的特有文化。

　　解放農奴並未改善農民的經濟狀況，反而更糟，行動自由有一定的限度，土地一如往昔，仍舊屬於貴族所有，所謂的自由，只是表面的假象而已。地主擺脫對農民的直接任務，解除在饑荒年代幫助農民的義務，並保有權力可隨時廢除或更改租約，因此農民對高生產的勞動仍舊缺乏興致。農民不滿的情緒因饑荒而更加高漲，一波又一波的農民浪潮接續不斷，遭到軍隊鎮壓，被捕者不是流放西伯利亞，發配充軍，便是受到嚴酷的體罰。農民仍舊信任仁慈的沙皇，將過錯歸咎於地主的鎮壓。完全是一位反動君主的尼古拉一世（1825～1855 年），在當時確實曾經致力若干改革，目的在鞏固帝國，其中包括一些改善俄國農民地位的措施，卻怎麼也不顧及波羅的海地區，此地的農民依舊處在特殊的處境之中。尼古拉一世甚至下令編輯地區法律規範彙編，其中部分條例在愛沙尼亞實行幾乎百年之久。

第三節　覺醒時代和民族運動

　　十九世紀初葉，日耳曼、義大利以及俄帝國、奧匈帝國和鄂圖曼帝國之下的許多民族，開始追求各自的理想——或克服政治上的分崩離析，或解脫民族的桎梏，或建立民族國家，所有的這些志向都與社會政治和經濟攸戚相關。在愛沙尼亞類似的趨勢形成於十九世紀上半葉，農奴制度廢除之後。接近中葉之時，愛沙尼亞民族的處境好轉，愛沙尼亞人中不乏高等教育人士。自十八世紀最後幾十年起，傳播全歐的民族浪漫學說和情緒，塑造出年輕的愛沙尼亞知識分子階層，愛沙尼亞人較之從前更能分析自己的處境，思考民族的前途。1860～1870 年代在愛沙尼亞民族的歷史上稱為民族覺醒時代。

　　民族運動的主旨在為文化、政治、經濟改革而奮鬥，促使愛沙尼亞民族成為真正的國家。在民族運動中實行著兩大不同的思潮和流派。政治的目的是激進派的首要方針，為愛沙尼亞人爭取和日耳曼人相等的政治權利，參與地方自治，肯定民族教育的意義都是他們努力的方向。激進派的代表人士認為日耳曼貴族和路得教會是箝制人民的壓迫者，因此寄望俄國政府的支持，以達到民族的目的。激進派分子在日後對愛沙尼亞民族的俄國化，起著積極的作用。溫和的文化啟蒙派亦致力民族和文化的發展，但不同於激進派者，是以日耳曼文化和路得教會為支柱，從中擷取精髓。此外兩派的差異還在，激進派賦予經濟更多意義。

　　民族運動者雖是殊途，卻是同歸，在對立的言論中，重要的辯題並非與領導階層的關係，而是達成共同目的方法的選擇，以及文化政治輕重緩急的不同。

　　早期民族運動的中心人物是楊森（J. V. Jannsen，1819～1890年），在他為愛沙尼亞民族所做的努力中，第一個具影響力的行動是，1857 年在派爾努發行週刊《派爾努信差》，以及隨後在 1864 年於塔爾圖創立報社「愛沙尼亞信差」。為紀念農奴制度廢除五十週年，1869 年 6 月 18～20 日楊森在塔爾圖創辦第一屆全愛沙尼亞歌唱節，歌唱家和音樂家約千人齊聚一堂，二萬名來自愛沙尼亞各個角落的聽眾共襄盛舉。會中高唱芬蘭作曲家的歌曲「我的故鄉，我的幸福和喜樂」，由楊森填詞，在日後成為愛沙尼亞的國歌。

　　歌唱節激勵愛沙尼亞人的民族情感，在愛沙尼亞人民的心中深植面對未來的力量和信心。

　　團結愛沙尼亞民族的覺醒時代，在歷史上雖是曇花一現，然而在它的尾聲——十九世紀的最後二十五年——許多愛沙尼亞人士繼承先賢事業，致力反抗日耳曼和俄國帶給愛沙尼亞民族的影響力。

　　隨著亞歷山大三世在 1881 年登上俄國皇位，愛沙尼亞的政治形勢起著根本的變化。有別於抱持自由方針的父親亞歷山大二世，新任皇帝則是一位反動觀點的人物，企圖以加強教會的權力和灌輸對沙皇和祖國的情感，撲滅國內日益滋長的不滿情緒。在邊境各省實行俄國化，即是此一政策的自然延續。

　　1890 年代中期，俄國化的政策開始鬆懈，另一波民族運動於是展開。在此之前，民族的思想主要由農村知識分子和農民傳播發揚，如今民族運動的中心則轉移到城市，市民階級的態度日趨積極，除了民族訴求之外，還提出政治自由的口號。新民族運動的熱潮開始於塔爾圖，由迪尼森 (J. Tönisson) 領導。

第四節　1905 年革命在愛沙尼亞

　　1900～1903 年俄國飽受經濟危機，波及愛沙尼亞。上個世紀工人的地位就已經怨聲載道，如今卻更加惡劣，工人階級發動以經濟為訴求的罷工，未能達到任何的結果。經濟困窘也是農村紛亂的原因。波羅的海各省原是俄帝國最發達的地區之一，但是在此卻施行著全國最反動的法律，當極權專制在政治和社會上已是奄奄一息之際，此地卻還受到地主的壓榨和俄國化的影

圖 39：愛沙尼亞新民族運動的領導人迪尼森

響，如此的環境，為社會思想的種子提供一片肥壤沃土。1904 年爆發日俄戰爭，經濟環境因此更加惡化，人民不滿的情緒沸騰，而政府的戰敗和高級官員的貪污腐敗，使人民的容忍踰越極限，化為行動。1905 年 1 月 9 日，工人的和平示威遊行在彼得堡舉

行，士兵對手無寸鐵的民眾開槍，奪走許多生命，這一在歷史上稱為「血紅星期天」的血腥事件，成為俄國第一次革命的推動力。當彼得堡事件的消息傳到愛沙尼亞時，群情激憤，1 月 12 日在塔林展開全國罷工，聲援彼得堡工人。在接下來的兩個月中，罷工行動遍及愛沙尼亞其他城市，在塔爾圖則有大學生的示威遊行。

　　起初，示威者並未有走向政治活動的準備，所以大都以經濟為訴求，然而漸漸地示威行動日益具有政治的特色。1905 年 10 月 17 日，在彼得堡沙皇頒佈詔書，賜予人民人身不受侵犯，以及信仰、言論、集會和結社的自由。11 月，迪尼森創立愛沙尼亞第一個政治黨團——「愛沙尼亞人民進步黨」，社會民主人士團結陣營，組織「愛沙尼亞社會民主工人聯盟」。

　　俄皇的詔書雖然履行革命最初階段的基本要求，卻是為時已晚。受到革命行動鼓舞的人民大眾已不能滿足於權力當局的讓步，而社會民主人士武裝鬥爭的號召，更是火上加油，擾動時局。為了平息社會上火爆的氣氛，並表現堅定的立場，由迪尼森倡議，11 月 27～29 日在塔爾圖召開全愛沙尼亞人民代表會議。選舉後的全愛沙尼亞人民代表會議形成兩大陣營，迪尼森的追隨者——溫和的右派人士提出俄國應成為設有民主議會的君主立憲國家，激進的左派分子認為現今的局勢是一不可忍受的死胡同，聲稱唯一的出路，只有革命一途，預見俄國未來的政府形式應是民主共和國。溫和人士認為必須避免暴力行動，激進分子則呼籲運用所有可能來達到目的，包括武裝起義在內。愛沙尼亞值此政治、經濟情勢，激進派的觀點理所當然必占上風。

第二十五章 | *Chapter 25*

獨立的誕生

第一節　獨立之路

　　1917 年之初，俄帝國處在軍事、經濟崩潰的邊緣。軍紀渙散，工廠停滯，城市飢困，甚至帝國的上流階層表露不滿，準備宮廷政變。2 月底，在彼得格勒因饑荒爆發動亂，派往鎮壓動亂的軍隊，同情民眾，倒戈相向，動亂升高，演成革命。尼古拉二世被迫退位，由國家杜馬各黨團在帝國首都彼得格勒組織臨時政府。

　　彼得格勒事件的消息於 3 月初傳到愛沙尼亞，在塔林引爆自發性的罷工，隨即發展成全體大罷工。昔日的省政官員丟官革職，省政委員一職經臨時政府任命，由塔林市首腦波斯卡 (J. Poska) 擔任，成為自遠古爭取自由以來，第一個領導愛沙尼亞的愛沙尼亞人。3 月 30 日，臨時政府頒佈關於愛沙蘭省臨時管理制度的法令，據此愛沙蘭省（納爾瓦除外）和利沃蘭省的北部（謝圖馬除

外）聯合成為一個民族自治省。除了在俄國聯邦國家的框架中爭取到省的自治外，當時的愛沙尼亞政治家並未有更多的收穫。雖然今日對當時的民族領袖未能一鼓作氣，立即提出獨立要求多所批評，但是自治對愛沙尼亞而言，已是向前邁進一大步。9 月底，當德軍在一路無阻的情況下，拿下薩列馬和希烏馬之時，愛沙尼亞的局勢更形複雜。德國的入侵和布爾什維克政變的威脅，使愛沙尼亞政治團體的國家獨立思想孕育成熟。

　　10 月 25～26 日（新曆 11 月 7～8 日）夜間，布爾什維克基本上是在毫無阻攔的情況下，在彼得格勒完成武裝政變，奪得政權。愛沙尼亞的所有其他政黨聯合起來對抗布爾什維克，後者以世界革命即將到來，所有的國家將不復存在，反對愛沙尼亞獨立。愛沙尼亞民族運動各領導人自忖在布爾什維克的政權下，生存的時日不多，決定爭取時間，宣佈建立愛沙尼亞共和國。1917 年 11 月 15 日（新曆 28 日），愛沙尼亞臨時地方委員會宣佈自己是愛沙尼亞唯一的最高權力機構。1918 年 2 月 19 日❶，臨時地方委員會決定利用時機，趁著布爾什維克離去，德軍未來的短暫權力真空之際，宣佈獨立。2 月 23 日在派爾努首次宣讀《告全愛沙尼亞人民書》，次日，2 月 24 日，在塔林宣告國家獨立，建立愛沙尼亞民主共和國，表達在第一次世界大戰中的中立立場，組織愛沙尼亞共和國臨時政府。德國軍事指揮不樂意見到所謂的愛沙

---

❶　自 1918 年 2 月 1 日起，全俄國，包括愛沙尼亞，引進格列高里曆，即新曆。

尼亞共和國，在 2 月 25 日卸下塔林街頭所有的藍－黑－白旗，改懸德國的凱撒旗。

　　蘇維埃政府將首都從地近德軍的危險地帶——彼得格勒，遷到莫斯科。自覺政權處在千鈞一髮之際，布爾什維克準備不計條件，締立和約。3 月初簽下喪權辱國的《布列斯特和約》，俄國放棄西部的大多數土地。德軍占領下的愛沙蘭和利沃蘭，開始時名義上仍在俄國的版圖之內，隨後條約附加條款，布爾什維克連上述土地一併放棄。

　　1918 年秋天，疲於戰爭的同盟國家無力再戰，德國的盟友接二連三地投降。11 月德國爆發革命，宣佈成立共和國。11 月 11 日德軍指揮與協約國簽署和約，是日，愛沙尼亞臨時政府在塔林恢復運作，21 日，德國正式將在愛沙尼亞的所有政權交給臨時政府。此時蘇俄已經宣佈廢止《布列斯特和約》，紅軍開始向西挺進，目的在聯合德國境內的親布爾什維克勢力，挾武力將世界革命思想推展到西歐，愛沙尼亞正處在紅軍西向的路途之中。

第二節　解放戰爭

　　年輕的愛沙尼亞共和國開始在極其不利的條件下，為自己的生存奮鬥：國家殘破，既無國家機關，也無軍隊、武器，彈藥裝備又不足，所有的這些只得在戰爭的過程中建立或補充。雖是如此，愛沙尼亞共和國仍決定與布爾什維克對抗到底。布爾什維克在納爾瓦河外集結相當雄厚的軍力，1918 年 11 月 28 日開始解放

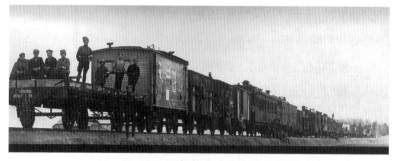

圖 40：解放戰爭期間的愛沙尼亞軍隊

戰爭，次日布爾什維克攻下納爾瓦，並在該地宣佈成立「愛沙蘭
勞動公團」。「勞動公團」表面上雖是獨立國家，實則由莫斯科的
傀儡操縱，依賴俄國的軍事協助得以穩住政局，布爾什維克繼續
致力在 2 月份被迫中斷的政治計謀。

　　1918 年 12 月，紅軍雖進展緩慢，卻持續不斷的向愛沙尼亞
深處邁進，奪得三分之二的土地，然而在協約國的協助下，愛沙
尼亞的反抗力量也一天天的增強。1919 年 1 月愛沙尼亞軍隊反守
為攻，2 月初愛沙尼亞的所有土地重獲自由。4 月在愛沙尼亞立憲
會議舉行選舉，雖有來自布爾什維克的抵制，參加選舉者仍舊積
極運作，左派再獲勝利，愛沙尼亞社會民主黨人和勞動派占多數
席位，多黨派的中央偏左政府執政。

　　1919 年，在持續整個夏天的戰鬥之後，紅軍放棄西北軍（白
軍），掉頭攻向愛沙尼亞邊界。8 月底，當前線接近愛沙尼亞之
際，蘇俄出人意料地向愛沙尼亞提議和平。當然，俄國的和平構
想，完全是出於一己的私利，俄國必須打破封鎖，並使威脅彼得

圖 41：愛沙尼亞與俄國簽署《塔爾圖和平條約》　經過冗長
且困難的談判後，蘇俄終於在 1920 年承認愛沙尼亞的獨立。

格勒的西北軍失去可靠的後方。9 月在普斯科夫的和平談判失敗
告吹，因協約各國仍舊寄望以軍事力量推翻蘇維埃政權，不願見
到參戰的各小國放棄戰爭，而鄰國芬蘭、拉脫維亞、立陶宛不與
愛沙尼亞共同進退，希望以愛沙尼亞打前鋒，觀察與蘇俄締約的
利弊，再作進一步的決定。處此局面，愛沙尼亞的政治人物不敢
單獨和蘇俄締結和約，公然與協約諸國為敵。11 月中旬，愛沙尼
亞軍隊和人數為其兩倍的紅軍在納爾瓦附近展開激戰。戰爭期間，
在塔爾圖開始和平談判（12 月初），俄方利用入侵，對愛沙尼亞
施壓。1920 年 2 月 2 日簽署《塔爾圖和平條約》，結束四百零二
天的解放戰爭。根據條約，蘇俄永遠放棄任何對愛沙尼亞的權利
要求，首先法律上 (de jure) 承認愛沙尼亞共和國，納爾瓦河東岸
和伯朝拉 (Pechora, Petserimaa) 邊區一些主要是俄人的居住地轉
歸愛沙尼亞，雙方有義務不允許對方的敵人在自己的土地上從事
活動，愛沙尼亞解脫對俄國的義務和沙俄時代的債務。

　　解放戰爭犧牲了三千六百名愛沙尼亞人，以愛沙尼亞的全面勝利終結。至此愛沙尼亞民族才得以著手建設兩年前即宣佈獨立的愛沙尼亞共和國。

　　在一段時期內，愛沙尼亞成為布爾什維克唯一的歐洲之窗，經此往來俄國的外交官和進出俄國的所有貨物，為一瘋狂投機和利市大發的時代。此一情景，當俄國的鄰國——拉脫維亞和立陶宛，效法愛沙尼亞，也和俄國締立條約之後，才告結束。

愛沙尼亞時代

第一節　1920～1934 年的愛沙尼亞

　　經過第一次世界大戰，以及隨之而來的革命和愛沙尼亞民族解放戰爭，在北歐崛起面積四萬七千四百五十平方公里、人口一百零五萬九千人的新興國家。1920 年 6 月 15 日，立憲會議通過《愛沙尼亞共和國第一憲法》，並以德國、法國、瑞士為模範，在愛沙尼亞共和國內建立議會民主。根據憲法，愛沙尼亞的最高立法機構為由一百人組成的一院制國家議會，不設國家元首，在對外政治方面由政府主席代表國家。

　　1919 年共產國際在蘇俄成立，準備引爆世界革命。1923～1924 年煽動世界大火的時機來臨，德國在嚴重的經濟危機和崩潰的通貨膨脹之後，大群工人走上街頭，示威遊行，紅軍準備就緒，伺機撲向西方。俄國不曾放棄奪回愛沙尼亞和其他脫離帝國的土地，成立於蘇俄的愛沙尼亞共產黨為共產國際的一員，為共黨的

圖 42：第一、二次世界大戰期間獨立的愛沙尼亞

事業賣力打拼。愛沙尼亞共產黨以從事地下非法活動，在愛沙尼
亞本土製造動亂，為共黨奪權打下根基，莫斯科準備在愛沙尼亞
發動一場政變，而愛沙尼亞的局勢恰是奪權的良機：共和國內人
民的生活水準低下，失業率攀升，許多國家官員捲入陰謀和醜聞
之中。政變於 1924 年 12 月 1 日黎明在塔林展開，數小時之後暴

亂即被鎮壓平靖，首都工人出乎叛亂者意外，並不支持政變。政府警覺到 12 月 1 日的政變對現存體制的危害，謀求解決之道，各黨之間暫時捐棄前嫌，在此後的一年中組成民族一統的政府。

12 月 1 日的事件，使人民和某些黨派省思到憲法的缺失，對於如此年輕的國家，憲法的過於民主，已不能反映大多數人民對政治需求的改變，需要一位全權的國家元首（總統），平衡各種勢力。1931 年國家議會研擬出變更憲法的法案，提議全民公決。處此複雜的局勢，各黨派開始聯合，因此政治的景觀不似從前般小黨林立，意見紛雜。1931 年底，因人民在全民公決中，兩度否決關於變更憲法的法案（第二次公決在 1933 年 6 月舉行），國內政治情勢逆轉直下。同時，經濟問題上的意見分歧，導致政府危機的持續不斷。

1929 年，在解放戰爭老戰士組織的基礎上，成立「解放戰爭參與者中心聯盟」，目的首要在改善老戰士的經濟處境，永懷戰爭，保持解放戰爭時期的愛國氣氛。然而時局的紛擾、政治的動盪，使「解放戰爭參與者中心聯盟」不再保持政治中立，從而捲入政黨的紛爭之中。1931 年聯盟的第二屆代表大會決議對議會和政府施加壓力，迫使實現憲法改革。翌年，聯盟決定吸收不曾參與解放戰爭，但具有老戰士思想的人士加入。從此以後，聯盟飛速成長，成為愛沙尼亞第一大黨，其成員人數（二萬）超過其餘政黨人數的總和。

瓦普斯黨人（Vaps，意為解放戰爭參與者）運用群眾的支持從事政治活動，在 1932 年底推出自己的憲法案，於 1933 年提交

全民公決。在瓦普斯黨人的憲法案中，大舉削減議會的權力，並設立國家元首，給予廣泛的權能。約有五十七萬四千人參加公決，近四分之三的投票人支持新的法案。瓦普斯黨人利用公決前夕迪尼森政府宣佈克朗 (kroon) 貶值的有利時機，大獲全勝。克朗貶值的措施雖能挽救愛沙尼亞的經濟，對迪尼森政府而言，卻是自毀前途的致命打擊。

在公決結果宣佈之後，迪尼森政府總辭。根據新的憲法，其職基本上由皮特斯 (K. Päts) 的臨時政府代理，直到下次選舉為止。皮特斯成為總理，兼任國家元首。

第二節　沉默時期

瓦普斯黨的憲法在 1934 年 1 月生效實行，根據憲法，國家元首和國家議會的選舉應在 4 月舉行。競選元首之職的有：萊棟聶爾 (J. Laidoner) 將軍、國家臨時元首皮特斯和瓦普斯黨代表拉爾卡 (A. Larka) 將軍。在 3 月 5～11 日初步選舉的第一個星期，拉爾卡的得票數高出其他候選人票數的總和。自信勝利在望，瓦普斯黨蠻橫放肆，無所不用其極地詆毀攻擊所有對手。皮特斯運用新憲法賦予的全權，以防患瓦普斯黨人發動政變為名義，自 3 月 12 日起在國內施行為期六個月的緊急狀態，宣佈中止選舉，否定既有的結果。根據新憲法，國家議會停止所有會議，秋天，國會形同解散，開始「沉默時期」。這段期間內皮特斯一人獨自管理國家，在此後的五年中施行一系列的改革措施。1935 年春皮特斯禁

圖 43：愛沙尼亞「沉默時期」的獨裁者皮特斯

止政黨的活動，唯一獲准的政治團體是由他成立、組織鬆散的祖國聯盟。

瓦普斯黨的憲法賦予國家元首基本上是無限制的權力，國家元首及其政府擁有完全的自由，為所欲為，政治的反對勢力消失，刊登反對文字的出版品遭到嚴格的監督，到了 1935 年底，愛沙尼亞共和國的民主體制已為專橫的獨裁所取代。1935 年 12 月，轉入地下活動的瓦普斯黨在芬蘭同道者的支持下，企圖奪權，卻行跡敗露，皮特斯對瓦普斯黨的清算鬥爭於焉展開。

「沉默時期」在愛沙尼亞施行的一系列重大改革，把國家引向中央集權，所有的這些措施都是在 1929～1932 年的經濟危機化解之後，經濟復甦，生活水準提高的環境中先後推出，因此大多數人民開始向皮特斯一邊靠攏。

「沉默時期」，無可爭議的，並不能充實愛沙尼亞國家和人民

的生活，即使在一些歐洲國家中可觀察到類似的現象亦然。經過一段時間之後，連國家元首皮特斯對內政的境況也感到不滿意，1936 年皮特斯個人創議再次變更憲法，在非民主的途徑之下成立民族議會，目的在研擬新的憲法。夏天，根本法草案準備就緒，1938 年 1 月 1 日不經全民公決，僅據元首發佈的命令，法律生效。根據新的《第三憲法》，在愛沙尼亞設立總統一職，擁有廣泛的權力，國會變成兩院制：國家杜馬和國家委員會。1938 年 4 月 21 日新的國家議會召開，24 日其成員選舉皮特斯為愛沙尼亞共和國第一任總統，新憲法徹底付諸實施，在國內實現「管理的民主」。「沉默時期」延續到蘇聯占領為止，在國內政治生活上——尤其是在知識分子之間引起強烈的不滿，使人民對自己的國家感到疏遠陌生，隨而導致獨立的喪失。

第二十七章 | *Chapter 27*

第二次世界大戰中的
愛沙尼亞

第一節　蘇聯占領

愛沙尼亞政府深切感受到來自東方的威脅，一旦受到蘇聯的攻擊，來自西方民主強國和斯堪地納維亞國家的援助，遙不可期。1930 年代下半期，愛沙尼亞的對外政策日益指望德國，認為後者是蘇聯勢均力敵的唯一對手，卻未能明白，兩大侵略者正在進行天衣無縫的談判，而犧牲的對象正是波羅的海三小國。1939 年 8 月 23 日，德蘇外長在莫斯科簽署《德蘇互不侵犯條約》和《祕密議定書》，兩大豺狼化敵為友，著手瓜分歐洲勢力範圍。1939 年 9 月 1 日德軍入侵波蘭，爆發第二次世界大戰。

當第二次世界大戰開打後，愛沙尼亞立即宣佈中立，甚至未曾實施局部動員，不採取任何措施，以防範各種意外事件的發生。1939 年 9 月 17 日，當紅軍從背部給予波蘭一擊之後，情勢已趨明朗。軍事力量較愛沙尼亞強大的波蘭，在短短數日內一蹶不振，

而與德國作戰的英、法，卻遲遲不對蘇聯宣戰。蘇聯在打下波蘭之後，下一個目標便是波羅的海國家中面積最小、且唯一未局部動員的愛沙尼亞。1939 年 9 月 24 日，蘇聯外交人民委員莫洛托夫要求愛沙尼亞外交部長與之簽訂兩國互助公約，蘇聯據此獲得在愛沙尼亞設置軍事和海軍基地的權利。人數高出愛沙尼亞國防力量數十倍的紅軍已經集中在邊境，塔林上空戰機盤旋，愛沙尼亞領導階級在自己的小圈子內討論此一問題，對人民的意見置之不理，不曾嚴肅地考慮武裝衝突的可能性。兩國互助公約在 1939 年 9 月 28 日簽訂，允許二十五萬紅軍和大量的軍事裝備進駐愛沙尼亞，而後者的國防力量總計僅有十五萬人，蘇聯擔保不干涉愛沙尼亞內政。隨後，拉脫維亞和立陶宛也與蘇聯簽訂相同的條約，步上愛沙尼亞的後塵。

1940 年夏天，德軍連戰皆捷，在占領丹麥，攻下挪威之後，又奪得荷蘭、比利時和盧森堡。6 月中旬，巴黎失守，法國淪陷，在強權大國中僅剩英國孤軍奮戰，繼續對抗希特勒。當此全世界的注意力都集中在歐洲的巨大災難之際，蘇聯掌握時機，悄悄地剝奪立陶宛、拉脫維亞和愛沙尼亞的獨立地位。

蘇聯的宣傳機器開始指責波羅的海諸國暗中破壞《基地公約》，聯手對抗蘇聯等等。1940 年 6 月 14 日巴黎失守之日，蘇聯向立陶宛提出最後通牒，要求允許增派蘇聯軍隊進駐該國，並成立與蘇聯友好的政府。6 月 16 日類似的最後通牒送到愛沙尼亞和拉脫維亞，給予答覆的時間只有八個小時。此時的愛沙尼亞四面受伏，基地上和邊境外的部分紅軍已準備作戰。到了 1940 年，由

於基地的設立，和當局的投降政策，使人民的戰鬥意志消沉，以致無法從事任何武裝抵抗。

　　6 月 17 日增補的八萬紅軍進駐愛沙尼亞，開始半個多世紀的蘇維埃占領時期（1941～1944 年除外）。為了協調日後的工作，史達林派遣自己的親近助手之一、列寧格勒黨組織的首腦日丹諾夫 (A. A. Zhdanov) 來到愛沙尼亞。蘇聯大使館裡編列新的、完全從屬莫斯科的愛沙尼亞內閣名單，內閣主席指派瓦列斯－巴爾巴盧斯 (J. Vares-Barbarus) 擔任。總統皮特斯與瓦列斯的政府友好合作，呼籲人民忠於傀儡政府。7 月初，國家議會遭到解散，在違反愛沙尼亞的法律下，宣佈國家杜馬選舉。共產黨員及其同路人共組選舉集團——「愛沙尼亞勞動人民聯盟」，排擠政治觀點異己的候選人。選舉形同鬧劇，實際結果無人知曉，正如史達林所說的：「重要的不是如何去選，重要的是，誰去計算。」於是依照所需計算，官方結果宣佈，「愛沙尼亞勞動人民聯盟」得到 92.9% 的選票。選後開始加入蘇聯的談判，而「愛沙尼亞勞動人民聯盟」在選舉綱領中對此隻字未提。7 月 21～23 日召開的國家杜馬，宣佈成立愛沙尼亞蘇維埃社會主義共和國 (Estonian SSR)，並作成請求加入蘇聯的決定。1940 年 8 月 6 日，蘇聯接受「愛沙尼亞人民的請求」，將愛沙尼亞併入版圖。就在這天，蘇聯兼併愛沙尼亞。

第二節　德國占領

　　1941 年春、夏之際，德國和蘇聯整軍經武，準備作戰，兩大

圖 44：難民之路　第二次世界大戰摧殘愛沙尼亞，在
一年的蘇聯政權之後，緊接而來的是納粹的侵略。
1943～1944 年間，由於害怕蘇聯的再次占領，成千上
萬的愛沙尼亞人湧向難民船，開始慘烈的逃亡之路。

強權集中軍力，伺機發動進攻。1941 年 6 月 21～22 日深夜，德
國未經宣戰，逕自攻擊昔日的盟友——蘇聯。在戰爭的第一個星
期擊潰尚未完全準備就緒的紅軍，德軍志在速戰速決，以閃電戰
打垮蘇聯，然而戰爭在漫無邊際的俄國土地上持續著，愈演愈烈。

　　開戰後的前幾天，德軍在波羅的海地區大有斬獲。立陶宛爆
發起義，並曾組織民族政府，德軍立即將之驅離。德國並不打算
姑息弱小民族的獨立自主，根據《德蘇互不侵犯條約》，波羅的海
劃歸俄國，德軍以解放者的姿態舉兵入境，企圖將波羅的海納入
大德國的版圖。

蘇聯時期

第一節　二次大戰後的愛沙尼亞

　　1944 年秋末，愛沙尼亞的全部土地重又受到紅軍的控制，戰火的蹂躪已成過去，生活逐漸步上和平的軌道。愛沙尼亞的蘇維埃政權恢復，名義上，最高政權屬於愛沙尼亞蘇維埃社會主義共和國 (Estonian SSR) 最高蘇維埃，Estonian SSR 政府主席（人民委員會議，自 1946 年起更名為部長會議）也擁有部分大權，然而實際權力則歸共產黨所有，其第一書記不過僅是莫斯科的手下幫傭而已。

　　局勢雖是如此，在第二次世界大戰之後，仍有部分民眾以謹慎的樂觀態度看待未來，人們期待西方堅持《大西洋憲章》的承諾，不使蘇聯徹底吞併波羅的海。然而在 1945 年冬、夏《雅爾達密約》和《波茨坦宣言》之後，強權大國完成戰後歐洲勢力的劃分，並拉下鐵幕分隔歐陸之時，情勢已趨明朗。原子時代的來臨，

已容不得敵對的東西兩大陣營重燃戰火,其結局只有同歸於盡,
代之而來的則是冷戰的興起。

　　愛沙尼亞蘇維埃社會主義共和國和愛沙尼亞共產黨(布爾什
維克)領導階級間的尖銳鬥爭,給予莫斯科可趁之機,利用兩大

圖45:蘇聯時期的愛沙尼亞

陣營的對立，在愛沙尼亞實行政治清黨，權力核心循環不已的血腥清算，完全是史達林主義的特色：借助清算，史達林企圖控制蘇維埃帝國全民族，使之唯命是從，黝黝黔首正是史達林在全世界實行戰鬥共產主義理想的利器。

由於某種情勢的力量，愛沙尼亞成為波羅的海諸國中唯一在史達林生前遭到清黨的國家，在拉脫維亞，類似的事件較晚發生（在1959年），且不牽涉到上層階級。在立陶宛，相似的情況從未發生過。若要找尋類似的例子，則1949年發生在列寧格勒的大清黨可與之相提並論：當時所有地區領導不是遭到槍決，便是流放古拉格。

1950年3月21～26日，在莫斯科的授意之下，召開第八屆愛沙尼亞共產黨（布爾什維克）中央委員會全體會議，在此次會議中、以及之後，汰換愛沙尼亞蘇維埃社會主義共和國和愛沙尼亞共產黨的全部領導，俄裔愛沙尼亞人凱賓 (J. Kebin) 成為中央委員會的第一書記。凱賓擔任此職幾達三十年，是一個溫和的史達林主義者，擅於迴避自己助手的過分積極，靈活地在莫斯科的要求和愛沙尼亞的現實中迂迴應變。他的得勢，意味著俄裔愛沙尼亞黨僚集團的勝利——執政直到1980年代下半期。

第二節　政治的融解時期

1953年3月5日史達林逝世，原因至今不明，之後蘇聯內部的爭權奪利日益尖銳，國家安全局首腦貝里亞 (L. P. Beria) 竄升，

在殘酷鬥爭中首度奪得權力。貝里亞認為與西方長久的對立，將
導致蘇聯的毀滅。為了改善與西方強權的關係，他提出的構想在
許多方面開啟戈巴契夫重建的先河。貝里亞授與波羅的海各聯邦
共和國形式上的獨立，使之成為類似捷克斯洛伐克或蒙古的「人
民民主」附庸國家。貝里亞的開明政策和溫和作風，一反昔日的
大規模鎮壓，導致他的垮臺，赫魯雪夫繼之成為共產黨中央委員
會第一書記。

　　1956 年在第二十屆共黨大會閉幕式上，赫魯雪夫在報告中譴
責史達林的個人崇拜，在史達林生前被流放到西伯利亞者獲釋返
鄉，遭受鎮壓者得到平反。赫魯雪夫時代異於以往，也和日後不
同，在歷史上被稱為政治的「融解時期」。

　　「融解」的表現，首先是社會上較為自由的空氣，隨著史達
林肖像的消失，代表史達林時代的恐懼和災難也煙消雲散。莫斯
科以身作則，開自由藝術創作的先河，自西伯利亞返國的愛沙尼
亞藝術家和作家，著手復興愛沙尼亞的民族文化。1960 年代成為
愛沙尼亞新文化起飛的時代。

　　赫魯雪夫是一個孜孜不倦的改革者，他的改革也觸及到愛沙
尼亞。「融解」的重要實驗之一是，經濟管理的地方分權，1957
年廢除昔日工業生產服從莫斯科聯邦部長的附屬地位，取而代之
的是地方國民經濟委員會。這些變革對於生產起著正面的影響，
因為由地方來管理經濟生產是較合理的政策，且人民的勞動意願
也較高，在幾年之內工業產值便增加二倍。1953～1964 年中央當
局改革嘗試的特點在於蘇聯社會主義的改革，「融解」時期的改革

努力，雖然未達預定的目標，且錯誤和錯估時常有之，但生活水準明顯得到改善。1960 年代新興的一代企圖透過「共青團」得到重要的社會地位，並改革社會現象。赫魯雪夫的「融解」給予愛沙尼亞人民改善未來生活的希望，並保存愛沙尼亞的民族文化。

第三節　停滯時期

　　1964 年 10 月赫魯雪夫被迫離職，庸碌無能的布里茲涅夫成為國家首腦，隨著他的上臺，展開另一過程，逐漸遠離「融解時期」的成就，開始「停滯」時期——政治、經濟和文化的停頓階段，和蘇維埃帝國及其領導的衰老腐朽。經濟總產值雖然略呈增長，但是相較之前的融解時期，布里茲涅夫時期對全蘇聯和愛沙尼亞的經濟，可謂不理想。其所施行的改革和新的經濟措施，不能趕上昔日國家發展的腳步。此時的西方，正處於一日千里的科技革命階段，而蘇聯則是酣睡在既有的成就之中。如果在 1950 年代，蘇聯的經濟發展和西方並駕齊驅，那麼到了 1970 年代，蘇聯則是日顯落後。瀕於崩潰的蘇聯經濟之所以能夠苟延殘喘，只是因為石油價格在世界市場上不斷上揚的結果，而蘇聯是世界上生產石油和天然氣的大國之一。

第二十九章 | *Chapter 29*

新的開始

第一節　新的覺醒時期

　　1985 年，隨著戈巴契夫的登上權力中心，在蘇聯開始以「重建」和「公開」為口號的新的政治時代。造成此種現象的原因是，蘇聯經濟的破產：阿富汗戰爭的龐大軍需，世界石油價格的滑落，以及莫斯科無力回應美國新一波軍備競賽──「星際大戰」的挑戰，都使蘇聯捉襟見肘，阮囊羞澀。戈巴契夫面臨重大的抉擇：或是效法中國，從事經濟改革，不涉及政治；或是回到史達林式的戰鬥共產主義，培植大批高級黨員執行高壓。這兩種政治都僅是治標不治本，只能暫時緩和局勢，然而對愛沙尼亞民族而言，則可能是決定命運的至要關鍵。新政治的意義，在於紓解蘇維埃內部的緊張氣氛，給予經濟和政治些許自由。在內政上，汰換幹部，實行有限度的民主改革，賦予聯邦共和國經濟自主。於此同時，在帝國的邊域煽動極端主義的火花，引燃各民族間的仇隙，

斷絕其脫離蘇聯的可能性。在外交上，蘇聯遵循緩和與各強權大
國關係的方針，減少自上而下對核武的各種吹噓。

處在經濟窘境的莫斯科，準備放棄它在世界甚至是歐洲的附
庸國家，只求保全蘇聯內部疆界的完整，改革的系統正是為了逃
避帝國的徹底土崩瓦解。作為交換，戈巴契夫經常向西方請求經
援──西方如數支付。蘇維埃政府基本上已失去對於局勢的控制，
沉默數十年的反對意見終得傾瀉，人們呼吸自由，受到禁錮的民
族致力重獲獨立。1989～1990 年，在東歐發生民主革命，東西德
合併，蘇聯輸掉「冷戰」，注定垮臺，然而帝國的開始崩潰卻早於
預期──始於波羅的海。

戈巴契夫的上臺，起初並未帶給愛沙尼亞任何顯著的變化，
漸漸地，人民開始明白，在他們面前開啟機會──也許是最後的
機會，爭取自己的權利。書報檢查和國家安全局放鬆窒息人心的
魔掌，言論自由逐漸生根，在愛沙尼亞展開新一階段的覺醒時期，
對美好的未來懷抱希望，尋回民族的歷史記憶。1987 年 8 月 23
日《德蘇互不侵犯條約》簽署週年紀念，在塔林舉行遊行，公開
要求當眾譴責《祕密議定書》，並停止蘇維埃兼併。鎮壓遊行的手
段出乎意料地溫和收斂──與西方維持正常關係的條件之一是，
改善蘇聯的人權地位。之後，遊行的組織人及其堅實的支持者共
組愛沙尼亞民族獨立黨（1988 年 8 月）。由於獨立的時機尚未成
熟，無法使人民同心齊力，加入爭取獨立的行列。

1987 年 12 月，在人民倡議的強大動力之下，由下而上，發
起成立愛沙尼亞古蹟保存協會，萬人共襄盛舉，是第一個非蘇維

埃的群眾組織，且在特定的時間內在愛沙尼亞扮演政黨的角色，從這個組織衍生出許多右派和民族主義的黨團，十幾年後的今天，這些黨團大多集中在祖國聯盟之中。1988 年 4 月成立由薩維薩爾 (Edgar Savisaar) 領導的人民陣線，人民陣線以滔滔的雄辯支持蘇聯的改革和重建，企圖以此和愛沙尼亞共產黨釐清界線，涇渭分明。民族激進分子和海外愛沙尼亞人指責人民陣線為一親莫斯科的共黨組織，雖然如此，今日愛沙尼亞的大多數政治家正是在人民陣線的陣營中，接受戰鬥的洗禮，由此成長出現代的政黨。在日後的數年中，人民陣線獲得大多數愛沙尼亞人民的支持。1988 年夏天，在愛沙尼亞形成對抗人民陣線的勢力——「國際運動」，聯合親蘇聯的非本土居民代表，在莫斯科勢力集團的支持之下，「國際運動」的氣勢日益壯大。

第二節　重建獨立

1988 年 11 月 16 日，愛沙尼亞蘇維埃社會主義共和國最高蘇維埃召開會議，在幾乎是毫無異議的情況下作成決議。據此，愛沙尼亞蘇維埃社會主義共和國的法律，在愛沙尼亞的土地上具有高於全聯邦的優先權；宣佈愛沙尼亞的自然資源為愛國所私有，聯邦不得僭越……等等。此一決議在歷史上形同主權宣言，宣佈愛沙尼亞為一主權國家。蘇聯的領導拒絕承認此一文件，然而正是這一文件開啟帝國瓦解的過程，在之後的幾個月裡，聯邦的所有共和國紛紛採行類似的宣言。

　　1989 年 8 月 23 日德蘇簽訂《祕密議定書》的五十週年紀念日，由波羅的海三國的人民陣線發起，展開史無前例的抗議行動——二百萬人手牽手，從維爾紐斯到塔林，連結成長達六百公里綿延不斷的「波羅的海之鏈」，發出自由的呼聲，喚起世界各國對愛沙尼亞、拉脫維亞、立陶宛三小國問題的關注。1989 年底蘇聯人民代表大會終於確認 1939 年《祕密議定書》的存在，並承認其喪失法律效力。如此的成就為走向獨立之路邁一大步。

　　1989 年 1 月通過關於語言的法律，愛沙尼亞語成為官方語言。過後不久，宣佈 2 月 24 日為獨立日。1989 年，在愛沙尼亞開始國民委員會運動，立定目標，以歷史和法統的傳承原則為基礎，重建愛沙尼亞共和國。為此需要將愛沙尼亞共和國的國民及其後代登記編冊，然後選舉合法的人民代表——愛沙尼亞國會。選舉在 1990 年 2 月 24 日舉行，較為激進的民族勢力獲得勝利，且在由七十八人組成的愛沙尼亞委員會占有多數。支持合法繼承的人士呼籲封鎖早已為蘇維埃軍隊代表預留席位的最高蘇維埃選舉，選舉照常舉行，民族激進人士在最高蘇維埃勢單力薄，使得愛沙尼亞委員會和最高蘇維埃的衝突終究不可避免。人民陣線在此次選舉中獲得較大的勝利，其領袖薩維薩爾成為愛沙尼亞共和國總理。

　　1990 年 3 月 30 日，最高蘇維埃宣佈愛沙尼亞進入過渡時期，在此期間須重建愛沙尼亞共和國的獨立自主，恢復正式國名——愛沙尼亞共和國（5 月 8 日），以及國旗和國徽（8 月 7 日），拉脫維亞和立陶宛在稍早也採行相同的決定。1990 年，俄羅斯聯邦在

葉爾欽的領導下，起而抗議克里姆林宮的專制獨斷。此時準備波灣戰爭的西方，無暇他顧，繼續支持戈巴契夫及其新聯邦條約的構想，賦予聯邦諸共和國較昔日更為寬廣的行為自由。與此同時，若新聯邦條約一無所成，則準備改變作風，採行反動的史達林式的管理方式。

1991 年 1 月，當全世界的注意力鎖定在波灣戰爭之際，蘇聯企圖以武力推翻波羅的海諸國的合法政府。世界輿論嚴厲指責莫斯科舉動，西方領袖建議克里姆林宮放棄動武，而俄羅斯聯邦總統葉爾欽則趕忙承認波羅的海國家的獨立。3 月 3 日，在愛沙尼亞舉行全民公決，表決獨立，九十四萬八千人參加投票，其中 77.8% 贊成獨立。

1991 年夏天，大多數的聯邦共和國（拒絕簽署聯邦條約的愛沙尼亞、拉脫維亞、立陶宛和喬治亞除外）同意新的聯邦條約，留給中央相當有限的權力，然而這樣的結果並不能滿足克里姆林宮的領導階級，於是在 8 月 19 日，條約簽署的前夕，發動軍事政變，企圖扭轉局勢，此即所謂的「八月叛亂」。

「八月叛亂」由身居蘇聯要職的官員策劃（包括副總統、總理、國防部和內政部部長、KGB 主席），事發前夕戈巴契夫正在克里米亞渡假。莫斯科和其他城市的街道上，坦克轟隆，然而在葉爾欽的號召之下，人民起而抗拒叛亂，軍隊紛紛倒戈相向，向民眾靠攏。

根據計畫，在奪得蘇聯的權力之時，同時也將整飭波羅的海三國，於是調派精良部隊，開向波羅的海，普斯科夫空降部隊的

圖 46：1991 年「八
月叛亂」期間，蘇
聯軍隊撤離塔林電
視塔的情景。

戰車逼近塔林。在面臨危險之際，最高蘇維埃和愛沙尼亞委員會
盡棄前嫌，攜手合作。1991 年 8 月 20 日，宣佈愛沙尼亞共和國
獨立，並決定成立立憲大會，在平等的基礎上制訂共和國的憲法。
愛沙尼亞著手對入侵的部隊採取全民的消極抵抗，然而就在一天
之後，「八月叛亂」便徹底傾覆。

　　在短短的幾個星期內，重獲獨立的愛沙尼亞共和國便得到國
際的承認。1991 年 9 月 6 日，蘇聯國家蘇維埃承認波羅的海三國
的獨立，並組成代表團與愛沙尼亞進行談判。9 月 17 日，愛沙尼
亞、拉脫維亞和立陶宛加入聯合國，愛沙尼亞重新以獨立和主權
的國家，在世界政治地圖上占有一席之地。

第三節　愛沙尼亞共和國

　　1992 年秋天，愛沙尼亞舉行二次大戰後首次的合法選舉。「祖
國」(Isamaa) 聯盟獲得勝利，由拉爾 (Mart Laar) 組織的政府著手

圖 47 ：重獲獨立的波
羅的海三小國總統
由左而右依序為烏爾
曼尼斯(拉脫維亞)、梅
禮 (愛沙尼亞)、布拉
扎烏斯卡斯(立陶宛)。

進行激進的改革，掃除國家機關內的蘇維埃官僚，代之以年輕的
新血輪。「祖國」　推舉的候選人、 前外交部長及作家的梅禮
(Lennart Meri) 當選總統。

　　貨幣改革是愛沙尼亞政府的首要課題，而愛沙尼亞也是前蘇
聯共和國中第一個實施貨幣改革的國家。1992 年 6 月 20 日，愛
沙尼亞發行本國貨幣——克朗，克朗盯緊馬克。法律禁止以外國
貨幣買賣貨品和支付工資，黑市交易因此消失，商店裡貨物琳瑯
滿目，通貨膨脹迅速滑落。在此，保守的財經政策扮演重要的角
色，大力裁減預算支出，促使收支得以平衡。

　　在獲得獨立之後，愛沙尼亞尤其積極發展，經濟成長在中歐
及東歐各國中名列前茅。經濟方針由東轉而向西，在極短的期間
內，幾乎 70% 的外貿與歐盟相關。

　　在與俄羅斯的問題上，若以前對迅速解決彼此的爭議抱有希
望，那麼如今已是不再相信任何承諾。俄羅斯一心想保住在波羅
的海的軍事基地，對撤軍並不熱切積極。除此之外，由於蘇聯時

期計畫移民的結果,此地居住著許多俄語民族,波羅的海國家必須尋求解決之道,整合社會中的這一族群。隨著社會的轉型,和經濟政策的改弦易轍,俄語人口難以適應新的社會生活,失去競爭工作的能力,顯然已是主要的社會問題之一,在拉脫維亞和愛沙尼亞這種情況尤其嚴重。1993 年,在東北愛沙尼亞,主要是俄語人口的居民區,曾企圖建立俄語自治州但失敗。波海三國的長足發展,已使這些外來居民摒棄成見,轉而支持國家的獨立。

第四節　今日的愛沙尼亞

　　愛沙尼亞由於地緣的關係,藉斯堪的納維亞與西歐之勢,是波海三國中物價最高,生活條件也最優越的國家。在歐風薰陶之下,愛沙尼亞面貌一新,共產蘇聯的痕跡幾乎蕩然無存。世界銀行將愛沙尼亞列為高收入國家,由於經濟增長神速,享有波羅的海之虎的美譽。

一、經　濟

　　自從恢復獨立之後,愛沙尼亞的經濟依照市場原則改制,目標轉向西歐。奉行自由經濟,大力推行私有化,實行零關稅和自由貿易政策。1992 年 6 月 20 日,愛沙尼亞發行本國貨幣—愛沙尼亞克朗,取代蘇聯的盧布。愛沙尼亞克朗盯緊德國馬克。自 1999 年 1 月 1 日起,因德國開始使用歐洲共同貨幣,愛沙尼亞克朗盯緊歐元。自 2011 年 1 月 1 日起,愛沙尼亞引進歐元,取代克

朗在國內流通，成為歐元區第十七個成員國。

　　兩億八千五百萬美元的外援、貸款和信貸，以及愛沙尼亞獲得戰前共和國因加入蘇聯，在 1940 年遭外國銀行冷凍的一億美元，是愛沙尼亞 1991～1993 年經濟改革成功的兩大支柱。

　　在 2000 年市場經濟成型之前,根據聯合國人類發展指數的結果，愛沙尼亞被列為發展中國家。1999 年愛沙尼亞加入世界貿易組織，主要的貿易夥伴為芬蘭、瑞典、德國和俄羅斯。最為嚴重的問題依舊是貿易平衡表的負成長。2004 年愛沙尼亞加入歐盟。2007 年人均國內生產毛額 (GDP) 為 21,094 美元，在 2008 年月收入平均為 12,912 克朗（825 歐元），2009 年第三季度為 11,770 克朗（752 歐元），2010 年第四季度為 12,735 克朗（814 歐元）。國內生產毛額雖然在 2000 年至 2005 年期間增加 60%，然而受到世界金融危機的波及，2008 年國內生產毛額下滑 3.6%，2009 年第三季度國內生產毛額與前一年比較下降 15.6%。從 2009 年第三季度起至 2010 年第四季度國內生產毛額持續增長，2010 年第四季度實際出口量增加 53%。2010 年國內生產總毛額長 3.1%，如此一來，在 2010 年愛沙尼亞的經濟走出危機。

　　失業率從 2001 年的 12% 下降至 2007 年的 4.7%，然而在 2009 年第三季度則是 14.6%，2010 年第一季度攀升至 19.8%。2011 年 6 月 3 日在愛沙尼亞登記的失業率下滑到從事經濟活動人口的 8.7%。根據愛沙尼亞統計局的數字，2010 年第四季度失業總人數下降至九萬三千人，而失業率為 13.6%。愛沙尼亞失業率的下降指數，在歐盟國家中占第二位。

2009 年初，國家經歷激烈的工業生產衰退，2009 年 2 月較之 2008 年 2 月的指標下降 30%，是歐盟國家中跌幅最大的國家。根據歐盟統計局 (Eurostat)，2010 年 9 月愛沙尼亞的工業生產額較之 2009 年 9 月提高 31.1%，此一數據使愛沙尼亞在當時歐盟的國家中名列第一。愛沙尼亞也是歐盟國家中債務和財政赤字最低的國家，2010 年它是歐盟國家中預算赤字縮減的兩個國家之一（另一個為馬爾他）。

二、人　口

根據愛沙尼亞統計局的數據，截至 2023 年 1 月 1 日，愛沙尼亞的人口數約為一百三十萬人。接近 1990 年之際，愛沙尼亞的人口數較之二戰之前大約增加了 40%（一百五十餘萬，相比於 1940 年的一百一十餘萬），與此同時，來自蘇聯其他共和國的移民，促使愛沙尼亞人口的增長。自 1992 年起到 2009 年，因大量的移出和自然增長的負成長，造成該國人口的減少。接近 2008 年，人口數較之 1990 年降低 14.5%，人口總數下滑到約九十二萬人（1991 年人數的 −4.69%），2010 年出生率和人口的增長再度達到正面的係數。

根據 2021 年的數據，少數民族主要居住在塔林（占非愛沙尼亞人口的 46.7%）和東北部的工業區，在東維魯縣（在納爾瓦市，約占人口的 97%）人口）。在少數民族中，俄羅斯人是最大的族群，其次是烏克蘭人、白俄羅斯人等其他。俄羅斯人居住在大城市，主要在與俄羅斯邊境毗鄰的地區，愛沙尼亞的其他地區（包

括農村地區），愛沙尼亞人完全占主導地位。這是愛沙尼亞有別於其他波羅的海國家的顯著特徵。

官方語言為愛沙尼亞語，然而俄語也廣泛通行。

據歐盟統治局數據，愛沙尼亞和斯洛文尼亞是歐盟國家中壽命增長最快速的國家。

三、俄國人和俄語系居民

長期居住在愛沙尼亞的俄國居民約占總人口的 25%。以俄語為母語者占 30%，約可分為三個勢均力敵的群體：愛沙尼亞國民（約十萬人），俄羅斯國民（約九萬五千人），以及無國籍者（少於九萬五千人）。這些人大多是在蘇維埃時期移居愛沙尼亞，以及他們的後代。在普里楚德區居住著在十八到十九世紀遷居此地俄國舊教徒。

四、對外政策

愛沙尼亞自 1993 年 5 月 13 日起成為歐洲委員會的成員，2004 年 5 月 1 日愛沙尼亞和其他九個國家同時加入歐盟，自 2011 年 1 月 1 日起則是歐元區國家。因此，愛沙尼亞是融入歐洲共同市場和申根區的前蘇聯三個共和國之一，而且是後蘇聯時代國家中，第一個放棄獨立貨幣政策，轉向歐洲單一貨幣的國家。愛沙尼亞曾參與北約在伊拉克和阿富汗的軍事任務，2003 年 5 月 7 日愛沙尼亞議會決議向伊拉克派兵，該年 6 月 20 日應美軍指揮官之要求，派遣首批愛沙尼亞國防基幹部隊前往伊拉克。2004 年

3 月 29 日，愛沙尼亞成為北大西洋公約組織的的成員。1991 年 9 月 17 日，愛沙尼亞成為聯合國的正式成員。除此之外，愛沙尼亞同時是經濟合作發展組織、歐洲安全及合作組織和世界貿易組織的正式成員。

1994 年 8 月 31 日最後一批俄國軍隊撤離愛沙尼亞。2005 年 5 月歐洲議會通過關於戰勝法西斯六十週年的法案，譴責史達林占領部分歐洲的非法行為。2005 年 6 月美國參議院和國會通過決議，要求俄羅斯承認占領波羅的海國家的事實。

隨著愛沙尼亞國際政策的轉向西方，與俄羅斯的關係普遍惡化，塔林二戰紀念銅像「解放戰士」的搬遷，引起軒然大波，暴露兩國的不睦：2007 年 4 月 26～29 日，因愛沙尼亞政府遷移「解放戰士」（「青銅士兵」），在塔林和伊達—惟魯馬各市發生大型的公民抗議活動，在暴亂之後，屠殺和掠奪隨之而起。

與斯堪的納維亞國家，尤其是芬蘭和瑞典，有密切的聯繫，是愛沙尼亞調整方向的一個重要因素。由於地緣的關係，許多芬蘭人在愛沙尼亞購屋置產，部分芬蘭人並且在該國創立事業，或是子公司。事實上，愛沙尼亞人基於與丹麥、芬蘭和瑞典的歷史淵源，自認是斯堪的納維亞人，而非波羅的海人。

2005 年愛沙尼亞加入歐盟的北歐軍事集團，此舉表明其參加北歐理事會的興趣。假如在 1992 年俄羅斯占愛沙尼亞國際貿易總額的 92%，那麼今日的愛沙尼亞則與其北方鄰國存在著廣泛的經濟相互依存的關係：四分之三的外國資金來自斯堪的納維亞國家（主要是芬蘭和瑞典），愛沙尼亞出口的 42% 輸往斯堪的納維亞

（相較於俄羅斯的 6.5%，拉脫維亞的 8.8% 和立陶宛的 4.7%）。從另一方面來說，在愛沙尼亞的經濟制度中，所得稅的低稅率，且與社會保障無關，卻是有別於其他斯堪的納維亞國家，以及許多歐洲國家。

2008～2009 年，愛沙尼亞經濟受到全球危機的嚴重影響，但在 2010 年開始出現新的經濟增長。同年，愛沙尼亞成為後蘇聯國家中第一個成為經濟合作與發展組織的正式會員。2011 年 1 月 1 日，愛沙尼亞放棄本國貨幣，成為第一個轉用歐元的後蘇聯國家。

五、國家體制和政黨

愛沙尼亞國家最高立法機構是一院制議會，稱之為 Riigikogu。議會由代表組成，任期四年。只有年滿十八歲的愛沙尼亞公民才得以參加議會的選舉，居住在愛沙尼亞的無國籍者，以及外國公民，不論其居留時間和出生國家，均無權參與議會選舉。

共和國政府使行行政權力，總理為政府首腦，經過與議會政治團體的領袖協商之後，由共和國總統提名。當提名的候選人得到議會的贊同後，共和國總統提交政府官員名單，並簽署法令正式任命政府官員職務。

愛沙尼亞共和國總統是國家元首，由議會代表或選舉團以不記名的投票方式選出，任期五年，連任不得超過兩屆。選舉團由議會代表，以及所有地方政府代表組織而成。當候選人無法在議會獲得法定的多數時（法定票數的三分之二），選舉團得以召開選

舉，議會 (Riigikogu) 或是選舉團的成員每人擁有一票，候選人只要獲得多數選票，即可當選。

根據法律規定，凡年滿十八歲，有行為能力的愛沙尼亞公民，以及長期居住在愛沙尼亞的其他歐盟國家的公民，可以參與政黨活動。政黨的登記須至少有一千人連署方能成立，現役軍人、法官、檢察官、警員和政府高級官員〔司法大臣及其顧問，政府監察員〕不可參與政黨活動。共和國總統任職期間，須暫時停止其黨員身分。參加議會選舉，並且得票率不少於 1% 的合法政黨，有資格獲得國家預算的撥款（金額取決於得票率的百分比）。

2017 年，愛沙尼亞進行大規模的行政區域改革：在國內的兩百一十七個地方政府單位中，僅留七十九個。縣政府以及相應的縣長職位一併廢除。

六、電子政府

自 2000 年起，愛沙尼亞政府轉型為無紙化的內閣議會，使用網路的電子文件檔。愛沙尼亞的電子政府方案在歐洲委員會競賽中奪魁，其特色是，將政府部門的業務轉移為電子文件檔，並使約五百個單位加入電子文件的交換系統，其中包括各部會、縣級議會，以及幾乎所有的行政和檢查機構。

七、言論自由

根據國際組織「無國界記者」的評價，2010 年愛沙尼亞在世界言論自由排名中占第九位。美國非官方組織「自由之家」也對

愛沙尼亞高水平的言論自由給予肯定。然而俄羅斯通訊社REGNUM 卻在 2010 年 6 月發表的一篇文章中，依該通訊社的觀點，列舉愛沙尼亞長期壓迫記者的事實。2011 年 3 月歐洲會議通過一項決議，對包括愛沙尼亞在內的一些歐盟國家媒體的多元化和言論自由深表憂心。該月，塔林市市長、愛沙尼亞中間黨領袖暨愛沙尼亞前總理斯惟沙爾發表聲明言道，愛沙尼亞的大眾傳播媒體較之俄羅斯更不自由。據斯惟沙爾之見，當時擔任愛沙尼亞總理安熙普所建立的垂直權力（包括媒體部門在內），較之俄羅斯總理普亭更加強硬。2008 年愛沙尼亞記者聯盟稱安熙普為愛沙尼亞言論自由的頭號敵人。

Baltic States

附　錄

大事年表

1240 年代	明達烏戈斯創建立陶宛公國。
1242	楚德湖上的冰上鏖戰。
1251	明達烏戈斯改信天主教。
1253	明達烏戈斯由羅馬教皇加冕為立陶宛國王。
1260	杜爾拜之役，瑞馬伊特痛殲普魯士和利沃尼亞騎士團聯軍。
1297	利沃尼亞內戰。
十三世紀末	里加加入漢撒同盟。
1330	里加承認騎士團的宗主權。
1343–1345	尤里節夜起義。
1346	丹麥國王將哈留馬一維魯馬（北愛沙尼亞）售予日耳曼騎士團，後者在次年將之轉送給利沃尼亞騎士團。
1385　8 月　14 日	亞蓋洛與波蘭簽訂《克列夫聯合》。
1386　3 月　4 日	亞蓋洛登基波蘭王位，亞蓋洛王朝自此發端。
1387	立陶宛改信天主教。
1399	維陶塔斯發動首次立陶宛十字軍遠征，討伐韃靼人失敗。
1410	格林瓦爾德之役，立陶宛一波蘭聯軍痛殲騎士團。
1421	召開第一屆利沃尼亞地方自治代表會。
1500	伊凡三世出兵攻打立陶宛，雙方簽訂和約。
1521	宗教改革傳入利沃尼亞。
1523	開始愛沙尼亞的宗教改革運動。
1524	在里加掀起聖像破壞運動。

1554			瓦爾米耶拉的地方自治代表會宣佈信仰自由。
1558–1583			利沃尼亞戰爭。
1561			利沃尼亞併入立陶宛，隨後併入波蘭。
1569	7 月	1 日	立陶宛和波蘭簽署《盧布林聯合》。
1572			西吉斯姆德二世‧奧古斯特逝世，結束立陶宛格迪米納維奇王朝的統治。
1582			波蘭國王斯捷凡‧巴托利下詔在「外杜味拿公國」引進格列高里曆。
1584–1589			里加發生曆法之亂。
1600–1629			波蘭—立陶宛和瑞典爭奪波羅的海主權之戰。
1629			波蘭、瑞典簽署停戰協定，確定瑞典對愛沙尼亞本土的統治權。
1632			塔爾圖大學建校。
1645			丹麥讓出薩列馬，全部愛沙尼亞土地歸屬瑞典王國。
1680–1687			在愛沙蘭和利沃蘭實行「大土地回收」政策。
1695–1697			北歐大饑荒。
1700–1721			北方戰爭。
1709			波爾塔瓦之役，俄軍大敗瑞典。
1710	9 月	29 日	塔林臣服俄國，愛沙尼亞落入俄國的統治之中。
1721			簽訂《尼什達特和約》，瑞典將愛沙蘭和利沃蘭讓予俄國。
1737			比龍王朝開始統治庫爾捷姆。
1772	8 月	5 日	俄、普、奧第一次瓜分波蘭—立陶宛共和國。
1788–1792			「四年西姆」。

| 1791 | 5 月 | 3 日 | 西姆通過《五三憲法》。 |

1793　1 月　23 日　俄、普第二次瓜分波蘭—立陶宛共和國。

1795　10 月　24 日　俄、普、奧第三次瓜分波蘭—立陶宛共和國。
立陶宛併入俄帝國。

1795　　　　　庫爾捷姆的末代公爵彼得‧比龍退位，庫爾捷姆納入俄國版圖。

1797　1 月　　俄國、普魯士和奧地利在彼得堡簽署法令，徹底廢止波蘭—立陶宛共和國。

1802　　　　考烏古里起義。塔爾圖大學復校。

1804　　　　頒佈《維德捷姆農民法》。

1812　　　　拿破崙戰爭。

1816　　　　廢除愛沙蘭的農奴制度。

1817　　　　維爾紐斯大學生成立祕密組織「愛知社」。廢除庫爾捷姆農奴制度。

1819　　　　廢除利沃蘭的農奴制度。

1860–1870 年代　愛沙尼亞民族覺醒時代。

1861　　　　廢除拉脫加爾農奴制度。

1863　　　　立陶宛和波蘭起義。

1869　6 月 18–20 日　第一屆全愛沙尼亞歌唱節。

1873　　　　首屆全拉脫維亞歌唱節。

1899　　　　里加暴亂。

1903　　　　「拉脫維亞社會民主聯盟」在海外成立。

1904　　　　成立「拉脫維亞社會民主工人黨」，為拉脫維亞第一個政黨。

1905　1 月　9 日　彼得堡爆發「血紅星期天」事件。

10月	17日	沙皇在彼得堡頒佈《十月十七日詔書》，賜予人民人身不受侵犯，以及信仰、言論、集會和結社的自由。
11月 27–29日		在塔爾圖召開全愛沙尼亞人民代表會議。
12月	4–5日	立陶宛代表大會在維爾紐斯召開。
1914–1918		第一次世界大戰。
1915		德軍占領立陶宛庫爾捷姆。
1917　3月		尼古拉二世退位，俄帝國結束。
10月 25–26日（新曆 11月 7–8日）		夜間，在彼得堡爆發武裝政變，布爾什維克推翻臨時政府。
11月	8–9日	成立「工人、士兵暨無田農民代表蘇維埃執行委員會」。
1918　2月	16日	立陶宛塔里巴決議恢復立陶宛的獨立。
2月	24日	在塔林宣佈建立獨立的愛沙尼亞共和國。
3月	3日	德蘇簽署《布列斯特和約》，布爾什維克放棄愛沙尼亞和拉脫維亞。
11月	11日	成立立陶宛第一臨時政府。
11月	18日	拉脫維亞人民委員會宣佈建立獨立的拉脫維亞共和國。
11月	28日	愛沙尼亞開始解放戰爭。
12月	17日	史都契卡領導的蘇維埃政府在拉脫維亞成立。
1919　4月	16日	在德國協助下，拉脫維亞進行政變，推翻烏爾曼尼斯政權，成立新政府。
4月	23日	在塔林召開立憲會議。
1920　2月	2日	愛沙尼亞和蘇俄簽署《塔爾圖和平條約》，結束

解放戰爭。

5 月	15 日	立陶宛在考納斯的國家劇院召開第一屆立憲會議。
6 月	15 日	立憲會議通過《愛沙尼亞共和國第一憲法》。
7 月	12 日	立陶宛和蘇俄在莫斯科締約，俄國無條件承認立陶宛的獨立自主。
8 月	11 日	蘇俄承認拉脫維亞為獨立共和國。
10 月	9 日	波蘭占領維爾紐斯，直到 1939 年 9 月為止。
1922 年		拉脫維亞通過憲法。
1924 12 月	1 日	共產黨在愛沙尼亞的政變失敗。
1926 12 月	17 日	開始斯苗東納總統的專權政體。
1934 5 月 15-16 日		烏爾曼尼斯發動政變。
3 月	12 日	皮特斯發動政變，建立獨裁政權。
10 月	2 日	愛沙尼亞開始「沉默時期」。
1938 4 月	24 日	選舉皮特斯為愛沙尼亞共和國第一任總統。
1939 8 月	23 日	德蘇簽訂《莫洛托夫—里賓特洛普條約》和《祕密議定書》，分配兩國在東歐和波羅的海國家的勢力範圍。
9 月	1 日	德軍入侵波蘭，爆發第二次世界大戰。
9 月	28 日	愛沙尼亞和蘇聯簽訂兩國互助公約。
10 月	5 日	蘇聯迫使拉脫維亞簽署《軍事基地條約》。
10 月	10 日	立陶宛與蘇聯簽署《互助條約》。
1940 6 月	15 日	蘇聯占領立陶宛。
6 月	17 日	蘇聯占領愛沙尼亞。
8 月	3 日	蘇聯兼併立陶宛。

	8 月	5 日	蘇聯兼併拉脫維亞。
	8 月	6 日	蘇聯兼併愛沙尼亞。
1941	6 月	14 日	蘇聯大規模驅逐波羅的海各國人民。
	6 月	22 日	開始「偉大的衛國戰爭」（蘇聯與德國之戰）。

1941–1944　　　　　德國占領立陶宛、拉脫維亞、愛沙尼亞。

1944　　　　　　　共產政權重返拉脫維亞、愛沙尼亞。

1944–1991　　　　　蘇維埃占領立陶宛、拉脫維亞、愛沙尼亞。

1946　　　　　　　成立拉脫維亞首座集體農場。

1947　5 月　　　　莫斯科決定在波羅的海各共和國建立集體農
　　　　　　　　　場，第一批集體農場在愛沙尼亞成立。

1949　3 月　25 日　蘇聯大規模驅逐拉脫維亞人。

1950　　　　　　　凱賓成為愛沙尼亞第一書記。

1953　3 月　5 日　史達林逝世。

1953–1964　　　　　蘇聯融解時期。

1954　　　　　　　愛沙尼亞成立流亡政府。

1957　　　　　　　愛沙尼亞成立地方國民經濟委員會。

1959　　　　　　　拉脫維亞民族－共產黨人瓦解。

1964　　　　　　　蘇聯開始停滯時期。

1985　　　　　　　戈巴契夫取得蘇聯政權。

1986　　　　　　　拉脫維亞組成民族愛國團體「赫爾辛基 –86」。

1988　　　　　　　成立「拉脫維亞人民陣線」。

　　　6 月　3 日　成立「立陶宛人民陣線」。

　　　11 月　16 日　愛沙尼亞通過《主權宣言》。

1989　5 月　18 日　立陶宛通過「國家主權宣言」。

　　　8 月　23 日　「波羅的海之鏈」。

1990	3 月	11 日	立陶宛宣佈全面恢復獨立。
	5 月	4 日	拉脫維亞通過「五四獨立宣言」。
1991	1 月		蘇聯企圖以武力推翻波羅的海的合法政府。
	8 月	19–21 日	莫斯科發生軍事政變「八月叛亂」。
	8 月	20 日	重建獨立的愛沙尼亞共和國。
	8 月	21 日	拉脫維亞共和國宣佈獨立。
	9 月	6 日	蘇聯承認波羅的海各國的獨立，結束蘇維埃兼併時期。
	9 月	17 日	愛沙尼亞、拉脫維亞和立陶宛加入聯合國。
1992	6 月	20 日	愛沙尼亞發行本國貨幣克朗。
	6 月	28 日	通過《愛沙尼亞共和國憲法》。
	秋天		立陶宛舉行二次大戰後首次的合法選舉，勞動民主黨獲勝。
			愛沙尼亞舉行二次大戰後首次合法選舉，「祖國」聯盟獲得勝利，梅禮當選總統。
1993			立陶宛發行本國貨幣立陶。拉脫維亞發行貨幣拉脫。
1993–1994			俄羅斯軍隊撤離立陶宛、拉脫維亞、愛沙尼亞。
1991	8 月	23 日	拉脫維亞開始組建軍隊，11 月成立國防部。
1992	11 月	19 日	立陶宛組建軍隊。實行職業軍人和義務兵混合制，義務兵服役期 12 月。
1999	2 月	10 日	拉脫維亞加入世界貿易組織。
	11 月	13 日	愛沙尼亞加入世界貿易組織。
2001	5 月	31 日	立陶宛加入世界貿易組織。
2003	6 月		立陶宛（至 2007 年 8 月）、愛沙尼亞（至 2009

			年 2 月）軍隊參與伊拉克軍事行動。
	9 月	20 日	拉脫維亞舉行公民投票，66.97% 的公民投票贊成加入歐盟，32.26% 反對。
	9 月	30 日	拉脫維亞議會批准拉脫維亞加入歐盟的法案，然而超過四十萬的「非國民」沒有資格參加公民投票。
2004	3 月	29 日	立陶宛、拉脫維亞、愛沙尼亞成為北大西洋公約組織的會員國。
	4 月		拉脫維亞參與伊拉克戰爭（至 2008 年 11 月）。
	5 月	1 日	拉脫維亞、愛沙尼亞、立陶宛、波蘭、斯洛伐克、捷克、匈牙利、斯洛文尼亞、馬爾他以及塞浦路斯成為歐盟的正式成員國。
			拉脫維亞、愛沙尼亞、立陶宛加入「申根協定」。
2007	12 月	21 日	拉脫維亞、愛沙尼亞、立陶宛與「申根協定」國家之間的陸路和海路邊卡撤除。
2011	1 月	1 日	愛沙尼亞進入歐元區。
2014	1 月	1 日	拉脫維亞進入歐元區。
2015	1 月	1 日	立陶宛進入歐元區。
2021	1 月	26 日	卡婭・卡拉斯 (Kaja Kallas) 成為愛沙尼亞第一位女總理
	11 月	18 日	立陶宛以臺灣名義設立辦事處
2022			立陶宛、拉脫維亞宣布與俄羅斯、白俄羅斯邊境進入緊急狀態
2023	7 月	8 日	埃德加斯・林克維奇斯 (Edgars Rinkēvičs) 就

　　　　　　　　　　任愛沙尼亞總統，成為歐盟國中第一位公開同
　　　　　　　　　　性戀身分的國家元首
7月　　11日　立陶宛維爾紐斯舉辦北約高峰會，討論俄羅斯
　　　　　　　　　　與烏克蘭戰爭問題

參考書目

Вилнис Пуренс, *ИСТОРИЯ ЛАТВИИ*, RaKa, 2000.

И. Кениньш, *ИСТОРИЯ ЛАТВИИ XX ВЕК*, Zvaigzne ABC, 1999.

Айн Мяэсалу, Тынис Лукас, Мати Лаур, Тыну Таннберг, *ИСТОРИЯ-ЭСТОНИИ 1*, Авита, 1997.

Мати Лаур, Аго Паюр, Тыну Таннберг, *ИСТОРИЯ ЭСТОНИИ 2*, Авита, 1997.

Андрес Адамсон, Сулев Валдмаа, *ИСТОРИЯ ЭСТОНИИ*, Коолибри, 2000.

ЗНАКОМТЕСЬ: ЛИТВА КНИГА ТЫСЯЧЕЛЕТИЯ 1, Kraštotvarka, Kaunas, 1999.

Зигмантас Кяупа, Айн Мяэсалу, Аго Паюр, Гвидо Страубе, *ИСТОР-ИЯ БАЛТИЙСКИХ СТРАН*, Авита, 1999.

ЛИТОВСКАЯ РЕСПУБЛИКА, Эдиториал YPCC, 2000.

圖片出處：6, 24, 25−1: Krastotvarka; 22: Bettmann/CORBIS; 25−2, 25−3, 34, 41, 46: AVITA; 37: Henri Laupmaa/Estonian Institute; 40, 43, 45: Filmarchives.

國別史叢書

阿富汗史——戰爭與貧困蹂躪的國家

歷經異族入侵、列強覬覦，阿富汗人民建立民族國家，在大國夾縫中求生，展現堅韌的生命力。

然而內戰又使阿富汗陷於貧困與分裂，戰火轟隆下，傷痕累累的阿富汗該如何擺脫陰影，重獲新生？

伊朗史——創造世界局勢的國家

曾是「世界中心」的伊朗，如今卻轉變成負面印象的代名詞，以西方為主體的觀點淹沒了伊朗的聲音。本書嘗試站在伊朗的角度，重新思考那些我們習以為常的觀念與說法，深入介紹伊朗的歷史、文化、政治發展。伊朗的發展史，值得所有關心國際變化的讀者深入閱讀。

伊拉克史——兩河流域的榮與辱

兩河流域的人民，憑藉洪水沖積後的肥沃土壤，創造出歷史上最古老的農耕文明之一。美索不達米亞不只是地理名詞，更代表古老文明的黎明時分。但四通開放的環境，也引來周邊民族的競逐，這塊成就人類文明、靈性的搖籃，如何化作流淌血與淚的悲痛地？本書參酌豐富史料，細述伊拉克的數千年歷史，邀您一同見證兩河流域的榮與辱。

阿拉伯半島史——伊斯蘭的崛起與地緣爭霸

阿拉伯半島，自古以來不僅是中西方交流的重要中介地，更是香料貿易的產地，作者以地理環境、氣候及物產交織建構出一個立體的阿拉伯地域，更藉由諸如貝都因在沙漠帳篷的游牧生活、定居民在高聳黃土建築的城鎮生活等，帶我們深入了解最為傳統的阿拉伯面貌。

約旦史——一脈相承的王國

位處於非、亞交通要道上的約旦,先後經歷多個政權更替,近代更成為以色列及阿拉伯地區衝突的前沿地帶。本書將介紹約旦地區的滄桑巨變,並一窺二十世紀初建立的約旦王國,如何在四代國王的帶領下,在混亂的中東情勢中求生存的傳奇經歷。

以色列史——改變西亞局勢的國家

本書聚焦於古代與現代以色列兩大階段的歷史發展,除了以不同角度呈現《聖經》中猶太人的歷史及耶穌行跡之外,也對現代以色列建國之後的阿以關係,有著細膩而深入的探討。

埃及史——神祕與驚奇的古國

溫和的尼羅河為埃及帶來豐沛的水源,孕育出埃及璀璨的上古文明。近代以來,埃及為對抗外來勢力的侵略,建立起民族獨立國家,並致力於現代化。本書以通俗易懂的文字描述埃及歷史文明的演進、主流文化與特色,帶你一探埃及的過去和現在。

土耳其史——歐亞十字路口上的國家

在伊斯蘭色彩的揮灑下,土耳其總有一種東方式的神祕感;強盛的國力創造出充滿活力的燦爛文明,特殊的位置則為她帶來多舛的境遇。且看她如何在內憂外患下,蛻變新生,迎向新時代的來臨。

國別史叢書

希臘史——歐洲文明的起源

從航行於碧海眾島間的古代英雄，到奧林帕斯山上的諸神，希臘的山與海是孕育歐洲文明的故鄉。雖然擁有偉大而悠久的歷史，走向現代的路途卻是顛簸坎坷。這個歐洲文明的起源地，能否發揮她古老的智慧，航向名為未來的彼岸呢？本書將帶您一起見證，希臘如何經歷數千年的歲月，打磨出其歷久彌新的榮光。

愛爾蘭史——詩人與歌者的國度

愛爾蘭與臺灣皆為海島國家，也因其優良的地理位置，吸引諸多民族到訪、開墾，抑或統治。十八世紀末的愛爾蘭向英格蘭爭取議會民主，其情景與日治時期的臺灣有幾分相似，皆為自由而奮鬥，但其歷史卻鮮為人知。因此，本書以愛爾蘭歷史為核心，從政治、經濟、文化、藝術等多方面建構愛爾蘭，期盼讀者能輕鬆閱讀愛爾蘭的歷史，並一同悠遊於「詩人與歌者的國度」。

烏克蘭史——西方的梁山泊

地處歐亞大陸交界的烏克蘭，歷史發展過程中不斷受到周遭勢力的掌控，但崇尚自由的他們始終堅持著民族精神與強鄰對抗。蘇聯解體後，烏克蘭終於獨立，但前途仍然一片荊棘，且看他們如何捍衛自由，朝向光明的未來邁進。

丹麥史——航向新世紀的童話王國

全球最幸福國家不是一天內打造出來的！這個童話國度裡有全歐洲最開明的王室、勇敢追求改革的文人、還有積極擁抱創新的人民，讓我們一窺丹麥人如何攜手面對種種時代風潮，建立人人稱羨的幸福王國。

智利史——山海環繞的絲帶國

讓我們在智利的土地上跳舞／……／這片土地有最翠綠的果園／最金黃的麥田／與最紅的葡萄園／踏上去似糖如蜜！——智利詩人米斯特拉

越過大山大海的限制、走出極權統治的陰影，
看智利如何從世界邊緣走向拉美強國。

法國史——自由與浪漫的激情演繹

法國，她優雅高貴的身影總是令世人著迷，她從西歐小國逐漸成長茁壯，締造出日後舉足輕重的地位。在瑰麗的羅浮宮、不可一世的拿破崙之外，更擁有足以影響世界的歷史與文化成就。

國家圖書館出版品預行編目資料

波羅的海三小國史：獨立與自由的交響詩／張明珠
著.——二版一刷.——臺北市：三民，2024
　　面；　公分.——（國別史）

ISBN 978-957-14-7743-5 （平裝）
1. 歷史 2. 立陶宛 3. 愛沙尼亞 4. 拉脫維亞

747.809   112021514

國別史

波羅的海三小國史——獨立與自由的交響詩

作　者	張明珠
創辦人	劉振強
發行人	劉仲傑
出版者	三民書局股份有限公司 (成立於 1953 年)

三民網路書店
https://www.sanmin.com.tw

地　址	臺北市復興北路 386 號　（復北門市）　(02)2500-6600
	臺北市重慶南路一段 61 號（重南門市）　(02)2361-7511
出版日期	初版一刷 2004 年 5 月
	初版三刷 2018 年 1 月
	二版一刷 2024 年 5 月
書籍編號	S740430
I S B N	978-957-14-7743-5

三民書局